Backen mit Globi

60 Rezepte, salzig und süss,
aus allen Regionen der Schweiz

Herausgeber: Globi Verlag
Zeichnungen: Walter Pfenninger
Verse: Jürg Lendenmann
Rezepte: Bäckermeister Lukas Imseng
Kolorierung: Dieter Steyer
Layout: Andi Zollinger

Die Kochhüte bezeichnen den Schwierigkeitsgrad eines Backwerks:

= leicht

= mittelschwer

= anspruchsvoll/Verbrennungsgefahr

Dieses Zeichen bedeutet, dass du eine Vorlage (zum Beispiel eine Schablone) als PDF von der Globi-Website www.globi.ch herunterladen kannst. Am besten gibst du auf der Website im Suchfeld «Globi backen» ein. Die PDFs sind beim Buch platziert. Auf den Seiten 118 und 119 findest du ausserdem Kopiervorlagen, die du vergrössern kannst.

Dieses Zeichen bedeutet, dass du vorsichtig sein musst, damit du dir nicht die Finger verbrennst.

Die Nährstoffe sind jeweils links unten auf den Rezeptseiten angegeben. Die Abkürzungen werden im Glossar (Seite 117) erklärt.

Backen mit Globi

www.globi.ch

10. Auflage
ISBN 978-3-85703-084-0

Umweltverträglich gedruckt

2025
Druck und Ausrüstung: Grafisches Centrum Cuno GmbH & Co. KG

Liebe Kinder, liebe Erwachsene

Backen macht Spass, und Kinder backen gern! Zum Backen braucht man Köpfchen, Organisationstalent, Ausdauer, Fantasie und Fingerspitzengefühl.

Zwei Schweizer Traditionsmarken, seit Jahren erfolgreiche Spezialisten auf ihrem Gebiet, haben sich zusammengetan und ein einzigartiges Backbuch für Kinder gemacht.

Das Haus Imseng in Saas Fee ist seit 1946 zuständig für gesundes, genussvolles und umweltbewusstes Essen. Jedes Jahr nehmen über 600 Kinder an Kinderbackkursen in der Backstube teil, und über 6'000 Personen besuchen das kleine Bäcker-Museum.

Globi ist seit 1932 zuständig für lustige und lehrreiche Unterhaltung für Kinder.

In diesem Buch sind über 60 Rezepte aus allen Regionen der Schweiz versammelt: Da gibt es aussergewöhnliche Kreationen, aber auch Einfaches und Altbewährtes. Der Profibäcker, Konditor und Confiseur hat Globi seine Geheimnisse verraten und ihm viel gezeigt.

In diesem Buch wird aber nicht nur gebacken. Nein, die Kinder lernen zusammen mit Globi auch, wie man in der Backstube arbeitet, wie man sich vorbereitet, ab- und aufräumt. Nebenbei bekommen sie so manchen Tipp vom Profi.

Wir wünschen allen viel Spass beim Anschauen, Lesen, Backen und Lernen!

Euer
Lukas Imseng

Inhaltsverzeichnis

Früh am Morgen wandert Globi
frohgemut mit Ranger* Robi
über Matten, Stock und Stein
in den Wildpark weit hinein.

Robi horcht, hält plötzlich inne,
angespannt sind alle Sinne,
und er deutet: «Pst! Sei still,
weil ich dir was zeigen will.»

Leise geht's in gleicher Richtung
weiter zu der kleinen Lichtung.
Rehe äsen friedlich dort
am geheimnisvollen Ort.

Dieses Bild sucht seinesgleichen.
Globi will noch näherschleichen
zu den Tieren und er guckt
gradeaus, als er sich duckt.

Beim Auf-allen-vieren-Gehen
wird ein Igel übersehen;
Stacheln schmerzen in der Haut,
«Aua», schreit der Pirscher laut.

Durch den Schrei in nächster Nähe
fliehen aufgeschreckt die Rehe,
und der Igel ärgert sich
über Globi fürchterlich.

* (Jagd-)Aufseher (sprich: Reinscher)

In freier Wildbahn

Rumzuziehn im Morgengrauen
und nach Wild sich umzuschauen,
das macht müde, wie wir sehn.
Globi will nach Hause gehn.

«Robi, tausend Dank für alles ...
trotz des kleinen Zwischenfalles»,
witzelt Globi frohgemut,
so wie er es manchmal tut.

Auf dem Weg zurück nach Hause
denkt er grad an eine Pause,
als er einen frischen Duft
wahrnimmt in der Morgenluft.

«Feines Brot von diesem Bäcker
schnabulieren, wär jetzt lecker!»,
seufzt er und eilt eins, zwei, drei
zu der nahen Bäckerei.

Globi sputet sich zu fragen –
auch sein Bauch scheint was zu sagen,
weil der Hunger sich schon regt –,
was hier alles ausgelegt.

«Unter vielem kannst du wählen.
Was du nimmst – du kannst nicht fehlen,
alles ist ein Gaumenschmaus»,
sprudelt's aus der Frau heraus.

Ein verführerischer Duft

«Je ein Stück von all den Dingen
will ich mit nach Hause bringen.
Das wird ein besond're Schmaus!»,
ruft er ganz begeistert aus.

Globi trifft ein wenig später
die Gesellen Heinz und Peter.
«Ihr zwei schaut mir hungrig drein»,
sagt's und lädt zum Frühstück ein.

Es beginnen die Gesellen,
viele Fragen ihm zu stellen,
unter anderem: «Warum
sind die Croissants[1] immer krumm?»

Alles möchte er ergründen
und darauf die Antwort finden,
drum ruft Globi schwärmerisch:
«Bäcker lernen möchte ich!»

Schnell sich in den Laden wagen,
um den Wunsch dort vorzutragen!
Bäckermeister Imseng hört,
was der kluge Kerl begehrt.

«Du gefällst mir. Keine Bange,
einen Stift[2] such ich schon lange»,
freut sich sehr der Bäckersmann.
«Abgemacht. Wann fängst du an?»

1 Hörnchen; Schweizerdeutsch: Gipfeli
2 Schweizerdeutsch für Lehrling, Auszubildender

Globi will Bäcker werden

Das machst du vor dem Backen

Globi, der Bäcker

Saaser Riesen-Brezel

Ergibt 4 Stück

2 dl Wasser
20 g Hefe
10 g Salz
20 g Rapsöl
450 g Weissmehl

Eistreiche (siehe Grundrezept Seite 115)

Etwas grobkörniges Meersalz

Es war einmal ein Bäcker, der verstand sein Handwerk so gut, dass er am Hofe des Grafen sehr beliebt war. Doch dann fiel er in Ungnade und wurde zum Tode verurteilt. Der Graf sagte: «Wenn du mir in drei Tagen ein Brot bringst, durch das dreimal die Sonne durchscheinen kann, soll dir die Strafe erlassen sein». Am dritten Tag, als der Bäcker schon ganz verzweifelt war, sah er seine Frau mit verschränkten Armen im Türrahmen stehen. «Das ist es!» Rasch schlang er einige Teigstücke. Bevor er sie jedoch in den Ofen schieben konnte, sprang eine Katze aufs Backblech und alle Teiglinge fielen in einen Eimer mit heisser Lauge. Was nun? «Back die Dinger, wie sie sind», riet seine Frau. Der Graf war begeistert von dem glänzenden, knusprigen Backwerk, und der Bäcker wurde begnadigt. Schon fast so lange ist die Brezel das Symbol des Bäckers.

Wasser, Hefe und Mehl zu einem Teig kneten. Zum Schluss Öl und Salz beifügen und etwa 20 Minuten mit einem Tuch zugedeckt aufgehen lassen.

Den Teig in vier gleich grosse Stücke teilen und länglich ausrollen.

295 kcal / Nährstoffe: 9,41 g Eiweiss / 56,46 g Kohlenhydrate / 4,15 g Fett

Nach etwa 15 Minuten Ruhezeit die Stücke zu 50 cm langen Strängen ausrollen. In der Mitte und an den Enden sollen sie etwas dicker sein.

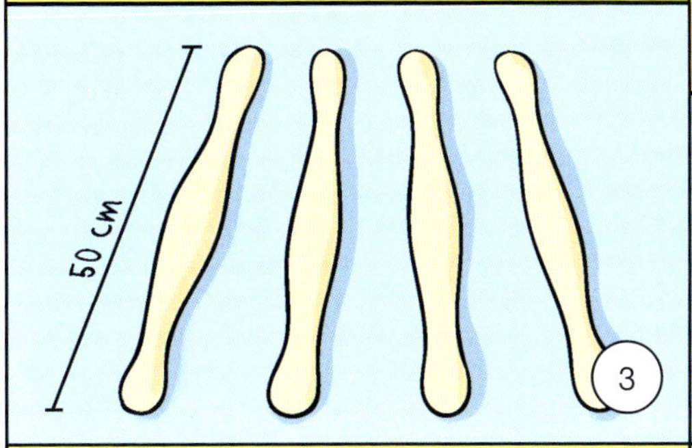

Die Stränge zu Brezeln formen. Die Brezeln etwa 20 Minuten mit einem Tuch zugedeckt aufgehen lassen.

Vor dem Backen mit Eistreiche bestreichen und mit grobkörnigem Meersalz bestreuen.

Die Brezeln mit einem Rüstmesser oben einschneiden.

Auf dem mit Backpapier belegten Blech in den Ofen schieben.

In der Ofenmitte während 15–20 Minuten bei 190 °C gut ausbacken.

Zopf, Züpfe, Waschtle: Es gibt hierzulande viele Dialektbezeichnungen für das berühmte geflochtene Brot, das perfekt zum Sonntagsfrühstück passt. Der Butterzopf ist eine echte Schweizer Erfindung: Nach der Gründung der meisten Bäckerzünfte im 14. Jahrhundert verbreiteten sich Backwaren wie Zopf und Zopfringe rasch. Damals kaufte man sie vor allem zu Weihnachten oder als Geschenk, weil Backwaren aus Weissmehl Luxus waren. Der längste Zopf wurde 2011 in der Stadt Luzern gebacken. Er war 212.39 m lang.

Ergibt 2 Zöpfe

1 Portion Zopfteig (siehe Grundrezept Seite 114)

Eistreiche (siehe Grundrezept Seite 115)

Tipp:
Der gebackene Zopf lässt sich sehr gut tiefkühlen.

Den Teig in vier Teile teilen und zu Kugeln formen. Die Kugeln zu langen Strängen ausrollen.

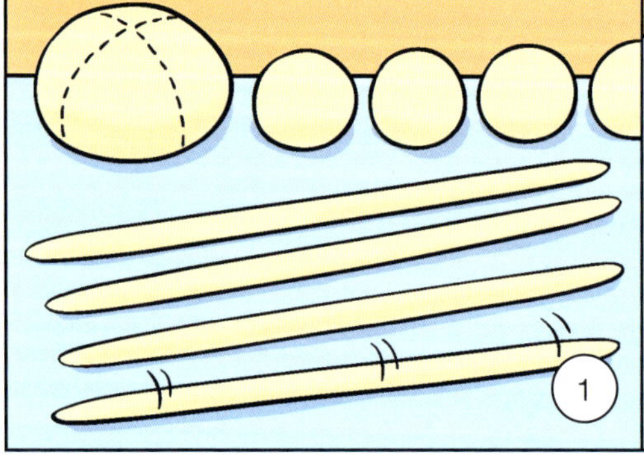

Zwei Stränge zu einem Kreuz legen. Das rechte Strangende des grünen Strangs wird nach links über den roten Strang gelegt.

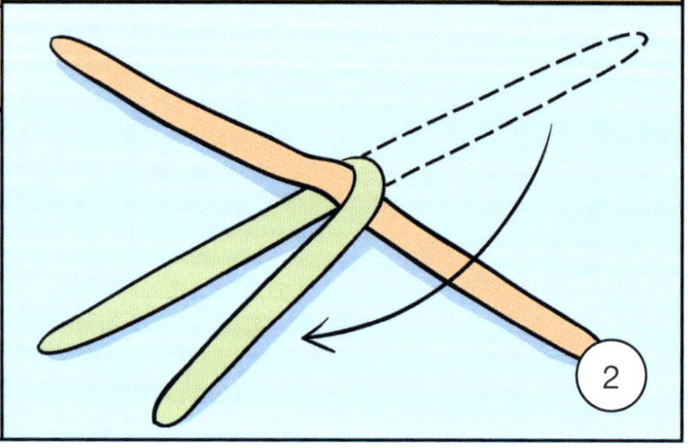

300 kcal / Nährstoffe: 9,23 g Eiweiss / 51,32 g Kohlenhydrate / 7,36 g Fett

Das linke Ende des grünen Strangs wird über den roten Strang gelegt.

Dann kommt das eine rote Strangende über den grünen Strang und das andere rote Strangende über den grünen Strang.

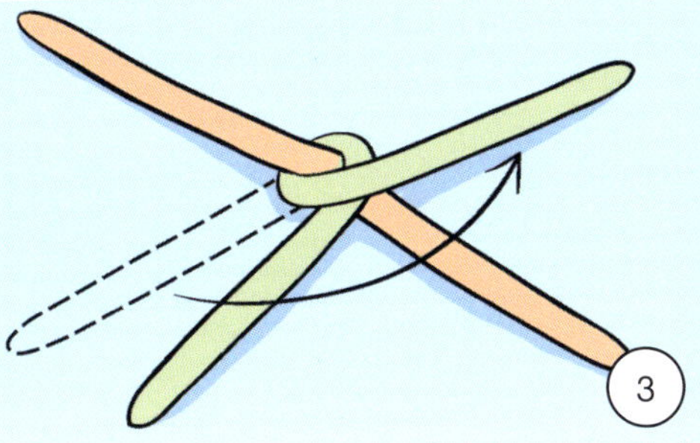

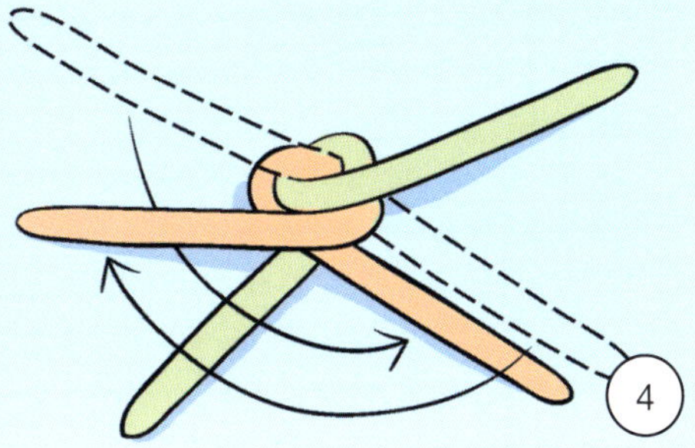

Und so geht es weiter. Schau genau auf die Bildbeschreibung.

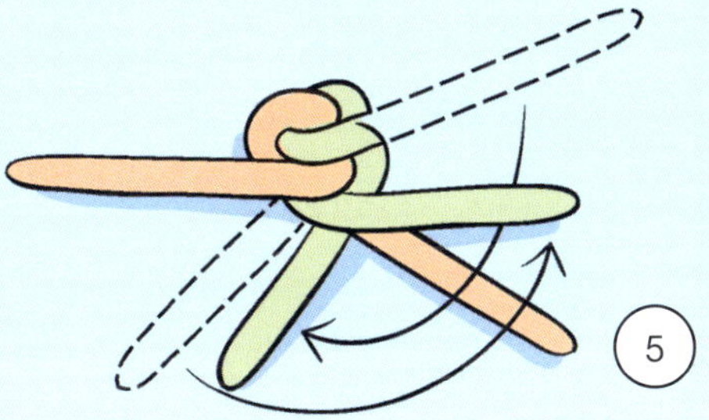

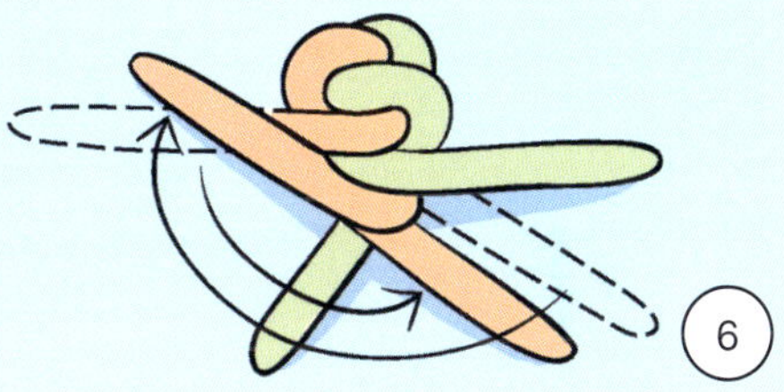

Die Enden an der unteren Zopfseite andrucken. Den fertigen Zopf sofort auf ein mit Backpapier belegtes Blech legen und nochmals zugedeckt 40–50 Minuten gehen lassen.

Vor dem Backen den Zopf mit Eistreiche bestreichen. In der Ofenmitte bei 200 °C 30–40 Minuten backen.

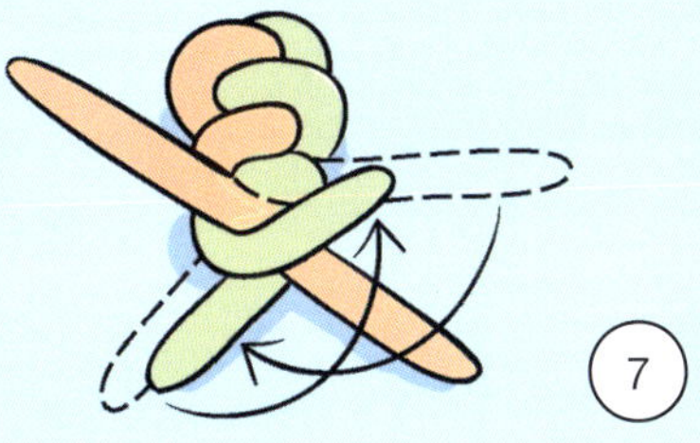

Grittibänz

Der Heilige St. Nikolaus ist unter anderem Schutzpatron der Bäcker. Deshalb erstaunt es wenig, dass sie ihm ein Gebäck gewidmet haben: den Grittibänz. Seit wann es ihn gibt, lässt sich nicht belegen. In den Kantonen Zürich, Schaffhausen und Thurgau nannte man den Grittibänz früher «Elggermann». Im Luzernischen war er unter dem Begriff «Hanselimaa» bekannt, und in Basel heisst er «Gräätimaa». Am meisten Namen kennt man dafür im Kanton Solothurn; die Stadt wird oft «Bänzestadt» genannt.
«Das isch e alte Gritti» ist noch heute eine geläufige Bezeichnung für einen alten Mann, der bedächtig und breitbeinig geht.
Traditionellerweise isst man den Grittibänz am 6. Dezember, dem St. Nikolaustag.

Ergibt 4 Grittibänzen

1 Portion Zopfteig (siehe Grundrezept Seite 114)

Eistreiche (siehe Grundrezept Seite 115)

Rosinen zum Verzieren

Eine grosse Kugel formen. Für Krawatte, Schal oder Knöpfe etwas Teig zur Seite legen.

Den Teig in vier Stücke teilen und daraus je einen länglichen Körper (Kegel) formen.

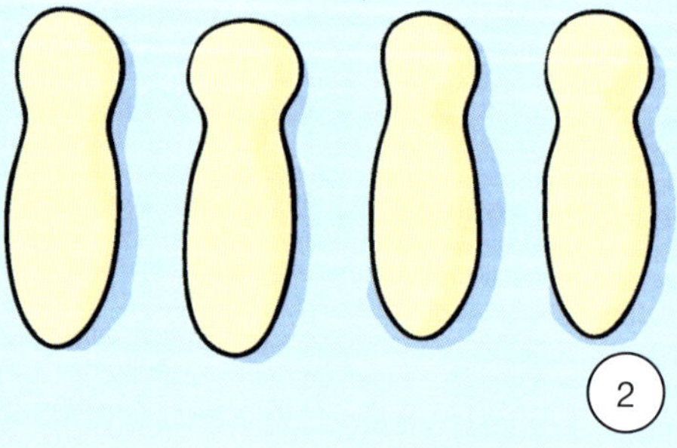

300 kcal / Nährstoffe: 9,23 g Eiweiss / 51,32 g Kohlenhydrate / 7,36 g Fett

Mit dem Rüstmesser den Teig so einschneiden, dass Arme und Beine entstehen.

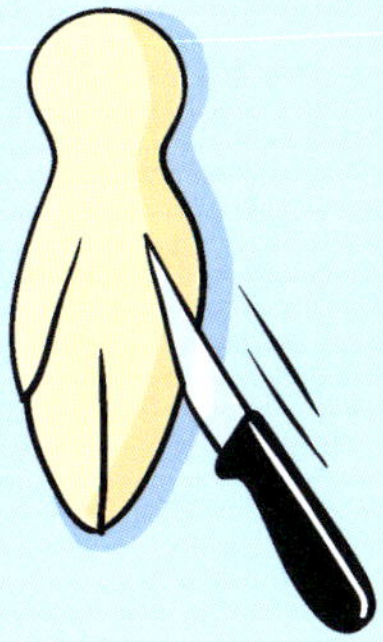

3

Beine und Arme zurechtdrücken.

4

Für den Schal eine lange, dünne Wurst formen und dem Grittibänz um den Hals legen.

5

Die Wurst an der Vorderseite drehen.
Für die Mütze eine Teigkugel flachdrücken und dem Grittibänz auf den Kopf setzen.
Für Augen, Nase und Mund Rosinen in den Teig drücken.

6

Den Grittibänz vorsichtig auf ein mit Backpapier belegtes Blech legen und mit Eistreiche bestreichen. 30–40 Minuten gehen lassen.

7

Vor dem Backen nochmals mit Eistreiche bestreichen. In der Ofenmitte bei 180–200 °C während 15–20 Minuten backen.

8

Tiere aus Zopfteig

Ergibt 8 Zopfteig-Tiere

1 Portion Zopfteig
(siehe Grundrezept Seite 114)

Eistreiche
(siehe Grundrezept Seite 115)

Rosinen zum Verzieren

Schildkröte
Ein Teigstück in zwei Stücke teilen. Aus dem einen Teil drei Würste formen und wie unten gezeigt anordnen. Die eine Wurst sollte am hinteren Ende spitz sein.

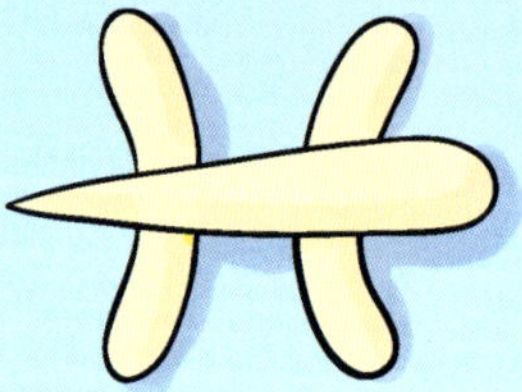

1

Den anderen Teigteil zu einer Kugel formen, leicht flachdrücken und auf Beine und Körper setzen.

2

Mit einem Rüstmesser ein Muster in den Schildkrötenpanzer schneiden.

3

Für die Augen zwei Rosinen in den Teig drücken. Die Schildkröte vorsichtig auf das mit Backpapier belegte Blech legen und vor dem Backen mit Eistreiche bestreichen. In der Ofenmitte bei 190 °C während ca. 20–30 Minuten backen.

4

300 kcal / Nährstoffe: 9,23 g Eiweiss / 51,32 g Kohlenhydrate / 7,36 g Fett

Täubchen
Aus einem Teigstück eine Wurst formen, eine Schlaufe machen und das eine Ende durchziehen (Knoten).

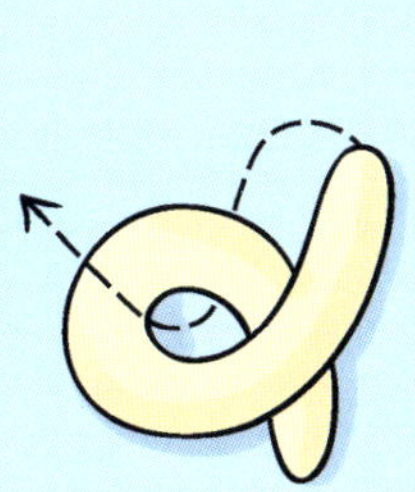

1

Für die Augen zwei Rosinen in den Teig drücken.

2

Den Schwanz etwas flachdrücken und mit dem Rüstmesser mehrmals einschneiden. Das Täubchen vorsichtig auf das mit Backpapier belegte Blech legen. Vor dem Backen mit Eistreiche bestreichen. In der Ofenmitte bei 190 °C während ca. 20–30 Minuten backen.

3

Frosch
Aus einem Viertel des Teigstücks eine Wurst formen. Von der Wurst zwei murmelgrosse Stücke abtrennen und zur Seite legen. Die Wurst einem Bogen auf die Arbeitsfläche legen.

1

Aus dem übrig gebliebenen Teigstück eine Kugel formen und auf die Wurst setzen. Mit einem Rüstmesser die Enden der Wurst zweimal einschneiden.

2

Die zwei murmelgrossen Teigstücke zu Kugeln formen, je eine Rosine hineindrücken und als Augen an die Kugel setzen. Mit einem Rüstmesser das Maul einschneiden. Den Frosch vorsichtig auf das mit Backpapier belegte Blech setzen, mit Eistreiche bestreichen. In der Ofenmitte bei 190 °C 20–30 Minuten backen.

3

1.-August-Weggen

Ergibt 4 Weggen à 200 g

1 Portion Zopfteig (siehe Grundrezept Seite 114)

Eistreiche (siehe Grundrezept Seite 115)

Tipp:
Verziere die Weggen mit kleinen Schweizerfähnchen aus Papier, die du im Detailhandel oder beim Bäcker kaufen kannst.

Den Zopfteig in vier Stücke teilen, zu gleichmässigen Kugeln formen. Auf ein mit Backpapier belegtes Blech legen. Die Kugeln etwa 20 Minuten zugedeckt gehen lassen.

Die Kugeln mit Eistreiche bestreichen.

Mit einer Schere ein Schweizerkreuz einschneiden.

Die Weggen in der Ofenmitte bei 190 °C während 20–30 Minuten backen.

300 kcal / Nährstoffe: 9,23 g Eiweiss / 51,32 g Kohlenhydrate / 7,36 g Fett

Dreikönigskuchen

Ergibt 1 Kuchen à 800 g

1 Zopfteig (siehe Grundrezept Seite 114)

Eistreiche (siehe Grundrezept Seite 115)

1 Plastikkönig (oder ein hitzebeständiger Gegenstand,
z.B. eine Münze in Alufolie)
1 EL gehobelte Mandeln
Gelbes oder goldfarbenes dickes Papier

Tipp:
Die Plastikfigur kannst du beim Bäcker kaufen. Wer Figur oder Münze ergattert, darf die Krone aufsetzen und den ganzen Tag König sein.

Eine grosse, etwa 200 g schwere Kugel formen. Den Restteig in sechs Teile teilen und auch zu Kugeln formen. In einer Kugel die Figur oder Münze verstecken.

Die sechs Kugeln auf einem mit Backpapier belegten Blech rund um die grosse Kugel andrücken. Danach alles 30 Minuten zugedeckt aufgehen lassen.

Mit Eistreiche bestreichen und mit gehobelten Mandeln bestreuen. In der Ofenmitte bei 180–200 °C 25–30 Minuten backen.

Krone auf das Papier zeichnen und ausschneiden (Vorlage: www.globi.ch und Seite 118). An deinen Kopfumfang anpassen und zusammenkleben.

300 kcal / Nährstoffe: 9,23 g Eiweiss / 51,32 g Kohlenhydrate / 7,36 g Fett

Osterzopfkranz

Das traditionelle «Eiertütschen» in Bern ist für Gross und Klein ein lustiger Anlass. Jedes Jahr versammeln sich am Ostermontag Bernerinnen und Berner auf dem Kornhausplatz und liefern sich einen Wettkampf um das Ei mit der härtesten Schale.

Ergibt 1 Zopfkranz à 800 g

1 Portion Zopfteig (siehe Grundrezept Seite 114)
Eistreiche (siehe Grundrezept Seite 115)
3 gekochte Eier
1 EL Mandelstifte

Den Teig in zwei gleich grosse Teile schneiden und zu langen Strängen ausrollen. Die beiden Stränge ineinanderdrehen.

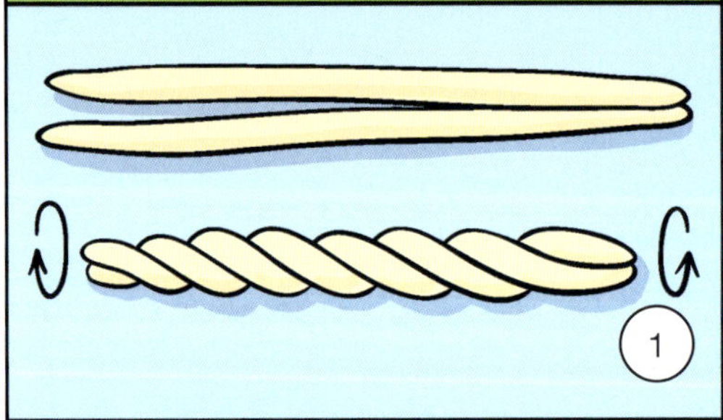

Den gedrehten Strang ringförmig auf ein mit Backpapier belegtes Blech legen. Danach zugedeckt etwa 30 Minuten aufgehen lassen.

Mit Eistreiche bestreichen und mit gehackten Mandelstiften bestreuen.

Die 3 gekochten Eier vorsichtig in die Mitte des Kranzes legen. In der Ofenmitte bei 180–200 °C 20–30 Minuten backen.

300 kcal / Nährstoffe: 9,23 g Eiweiss / 51,32 g Kohlenhydrate / 7,36 g Fett

Bärlauchbrot ohne Hefe

Ergibt 1 Brot à 735 g

350 g Mehl
3,5 dl Milch
1 Paket Backpulver
1 TL Salz
10 g frischer Bärlauch, fein geschnitten

Cakeform (25 x 10 cm)

Tipp:
Bärlauch kann man im Frühjahr selber sammeln. Da er leicht mit anderen Pflanzen verwechselt wird, sollte immer ein Erwachsener dabei sein.

Milch, Salz, Mehl und Back-Pulver miteinander verrühren. Alles zusammen zu einem Teig kneten.

Den fein geschnittenen Bärlauch hinzufügen.

Teig in die Cakeform geben.

Der Teig ist sehr weich und muss nicht aufgehen. Sofort bei 180–200 °C in der unteren Ofenhälfte 40 Minuten backen.

220 kcal / Nährstoffe: 7,85 g Eiweiss / 42,70 g Kohlenhydrate / 2,34 g Fett

Schlangenbrot

Ergibt 8 Stangen

500 g Mehl
20 g Hefe, zerbröckelt
3 EL Olivenöl
1 TL Salz
200 g Wasser
Oliven, Kräuter, Reibkäse nach Belieben
Holzstöcke

Tipp:
Alternativ lässt sich das Brot auch im Backofen bei 220 °C backen (15 Minuten).

Mehl, Salz und zerbröckelte Hefe vermischen. Olivenöl und Wasser hinzufügen und zu einem geschmeidigen Teig kneten.

30 Minuten stehen lassen. Je nach Geschmack Oliven, Kräuter oder geriebenen Käse hinzufügen.

Den Teig in 8 gleich grosse Teile teilen. Die Stücke zu 50 cm langen Strängen ausrollen.

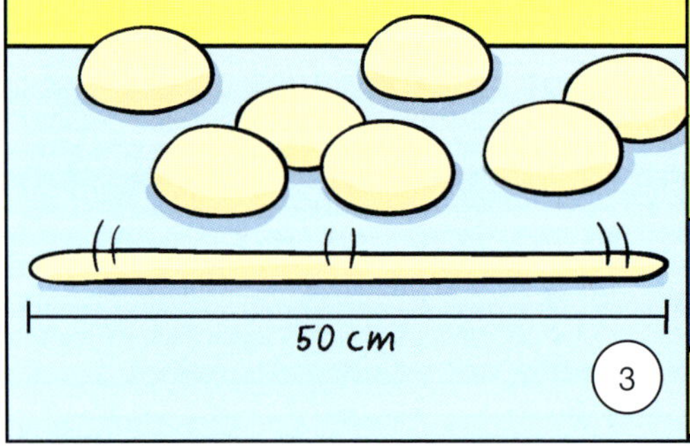

Die Teigstangen um Holzstöcke (z. B. im Wald gefundene) wickeln. Die Enden gut an das Holz andrücken. Schlangenbrot über der glühenden Kohle von allen Seiten backen, bis es schön braun ist. Dazu passen Cervelats.

295 kcal / Nährstoffe: 9,04 g Eiweiss / 54,55 g Kohlenhydrate / 5,15 g Fett

Tessiner Pizza aus Schlangenbrotteig

Ergibt 2 Pizzas

Schlangenbrotteig (siehe Seite 26)
Mit einem feuchten Tuch zudecken und bei Raumtemperatur ca. 1 Stunde um das Doppelte aufgehen lassen.

50 g Tomatenpüree
100 g Mozzarella (in dünne Scheiben geschnitten)
1 Stück Tessiner Salami (in dünne Scheiben geschnitten)

Den Teig in zwei Stücke teilen. Dann je 4–5 mm dick auswallen, auf ein mit Backpapier belegtes rundes Kuchenblech geben.

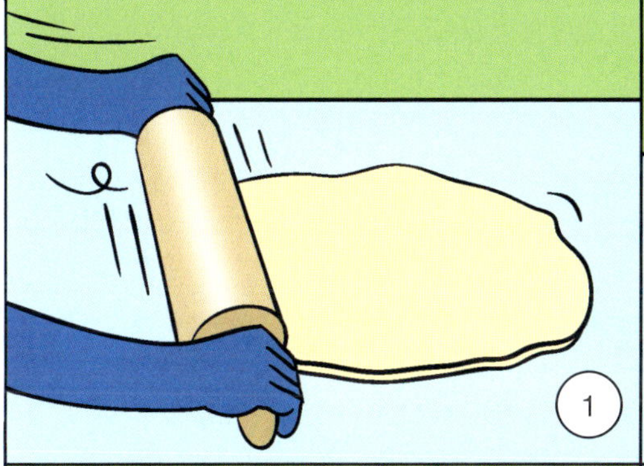

Einen nicht zu breiten, leicht erhöhten Rand formen und den Teigboden mit einer Gabel mehrmals einstechen.

Mit einem Löffel Tomatenpüree auf dem Teigboden verteilen. Mit Salami- und Mozzarella-Scheiben belegen.

Im Backofen auf der untersten Rille bei 200 °C etwa 20 Minuten backen. Warm servieren.

289 kcal / Nährstoffe: 10,86 g Eiweiss / 44,72 g Kohlenhydrate / 8,06 g Fett

Aargauer Rüebli-Brot oder Pausenbrötchen

Ergibt 2 Brote oder 10 Pausenbrötchen

500 g Dinkelmehl
1 Würfel Hefe
1 TL Salz
3 dl Wasser, lauwarm
150 g Karotten (geraffelt)

Zerbröckelte Hefe und Salz im lauwarmen Wasser auflösen.

Dinkelmehl und Hefe-Salz-Wasser-Mischung in eine Schüssel geben. Den Teig von Hand kneten.

Zum Schluss die geraffelten Karotten zugeben und erneut kneten.

Mit einem Tuch zugedeckt 30 Minuten gehen lassen.

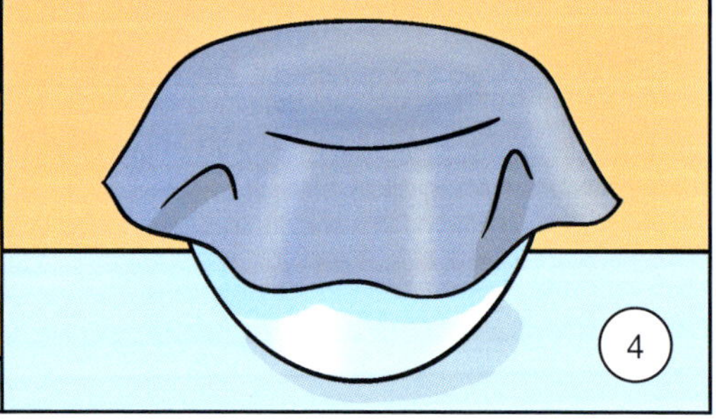

197 kcal / Nährstoffe: 7,79 g Eiweiss / 40,66 g Kohlenhydrate / 0,83 g Fett

Teig in zwei Stücke schneiden, zu länglichen Broten formen und auf ein mit Backpapier belegtes Blech legen. Etwa 15 Minuten zugedeckt aufgehen lassen. Mit dem Messer einschneiden.

Die Brote in der Ofenmitte 50 Minuten bei 200 ° C knusprig backen. Dann die Backofentüre einen Spalt (2–3 cm) öffnen und 10 Minuten weiterbacken. **Vorsicht Dampf!**

Die Brote sind fertig, wenn man mit den Fingern auf die Unterseite klopft und es hohl klingt. Achtung, das Brot ist sehr heiss!

Tipp: Aus dem gleichen Teig kann man auch Pausenbrötchen backen. Teig in 10 Stücke teilen. Bei 200 °C 20 Minuten backen.

Die Brötchen nach Belieben belegen.

Globi-Weggen

Ergibt 2 Weggen à 400 g

1 Portion Zopfteig (siehe Grundrezept Seite 114)
100 g dunkle Schokolade, gehackt

Eistreiche (siehe Grundrezept Seite 115)

Rohrzucker zum Bestreuen

330 kcal / Nährstoffe: 8,87 g Eiweiss / 53,18 g Kohlenhydrate / 10,23 g Fett

Globi, der Konditor

Milchkonfitüre

Ergibt 3 Marmeladengläser à 2,5 dl

200 g Zucker
5 dl Milch
1 Vanilleschote

3 Marmeladengläser, heiss ausgespült und gut getrocknet

Tipp:
Passt gut zu frischem Zopf.

Vanilleschote am einen Ende halten und der Länge nach halbieren. Das Mark aus beiden Hälften kratzen.

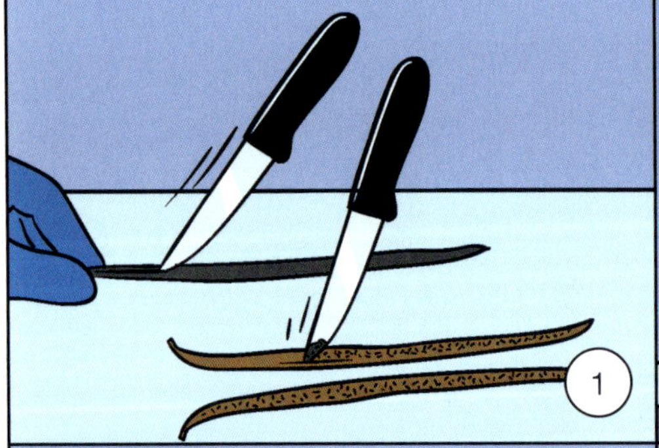

Milch, Zucker, Vanilleschote und -mark in einen Topf geben. Unter Rühren aufkochen.

Bei mittlerer Hitze zwei Stunden köcheln, bis die Masse dickflüssig wie Kondensmilch und caramelfarben ist. Ab und zu umrühren. Vanilleschote entfernen.

Konfitüre sofort in die Gläser füllen und auskühlen lassen. Gläser verschliessen. Kühl stellen. Haltbarkeit: Im Kühlschrank vier Wochen.

187 kcal / Nährstoffe: 2,12 g Eiweiss / 38,67 g Kohlenhydrate / 2,64 g Fett

Hagebutten-Makrönchen

Ergibt 40 Stück

3 Eiweiss, frisch
250 g Puderzucker
1 Prise Salz
50 g Hagebuttenmark
(mit Rührgerät püriert)
300 g Mandeln, gemahlen

Zuckerguss:
100 g Puderzucker
4 EL Wasser

Eiweiss mit dem Rührgerät steif schlagen. Puderzucker und Salz beigeben und nochmals kurz aufschlagen.

Hagebuttenmark einrühren und gemahlene Mandeln beigeben.

Masse in Dressiersack füllen und die Makrönchen auf ein mit Backpapier belegtes Blech dressieren. In der unteren Ofenhälfte bei 100 °C etwa 45 Minuten trocknen lassen.

Puderzucker und Wasser zu einer Glasur verrühren und die ausgekühlten Makrönchen damit bepinseln.

494 kcal / Nährstoffe: 13,52 g Eiweiss / 37,77 g Kohlenhydrate / 36,44 g Fett

Gugelhupf

Ergibt 8 Stück

7 Eigelb
250 g Butter, weich
100 g Puderzucker
1 Vanilleschote
1 Bio-Zitrone, abgeriebene Schale
7 Eiweiss

1 Prise Salz
150 g Zucker
150 g Mehl
100 g Stärke (Maizena)
Puderzucker zum Bestäuben
Gugelhupf-Form, 20 cm Durchmesser

Tipp:
100 g kandierte Früchte oder Rosinen in Mehl wälzen und bei Bild 5 zur Masse geben.

Mark aus der Vanilleschote kratzen (siehe Seite 32). Mark, Eigelb, Puderzucker, Butter, und abgeriebene Zitronenschale schaumig rühren.

Eiweiss und Salz in einer neuen Schüssel schaumig schlagen.

Den Zucker nach und nach unter den Eischnee ziehen.

Mehl und Stärke mischen.

421 kcal / Nährstoffe: 5,38 g Eiweiss / 41,75 g Kohlenhydrate / 26,59 g Fett

Eischnee und Mehl-Stärke-Gemisch abwechselnd vorsichtig unter die Buttermasse heben.
5
Die Masse in eine gefettete und bemehlte Gugelhupf-Form geben.
6
In der Ofenmitte 45 Minuten bei 180 °C backen.
7
Eine Stricknadel oder ein Holzspiesschen in den Gugelhupf stecken: Bleibt keine Masse kleben, ist er gebacken.
8
Ein Auskühlgitter auf die Backform legen und mit Backhandschuhen unter die Form greifen, während du das Gitter festhältst.
9
Den Gugelhupf so umdrehen und auf dem Auskühlgitter abstellen. Kuchenform entfernen.
10
Nach dem Auskühlen mit Puderzucker bestäuben.
11

Ergibt 8 Stück

Füllung:
200 g Schinken, gekocht
1 Zwiebel
1 Bund Petersilie
1 EL Butter
1 TL Senf
1 Prise Salz + Pfeffer
2 EL Rahm

400 g Blätterteig
(für selbst gemachten
Teig siehe Grundrezept
Seite 108)

Eistreiche
(siehe Grundrezept
Seite 115)

Tipp:
Warm servieren.
Dazu passt grüner Salat.

Zwiebel und Petersilie fein hacken.

Butter erhitzen, Zwiebel und Petersilie unter stetem Rühren während 10 Minuten dämpfen.

Teig: 354 kcal / Nährstoffe: 9,23 g Eiweiss / 20,34 g Kohlenhydrate / 26,94 g Fett
Füllung: 164 kcal / Nährstoffe: 13,41 g Eiweiss / 1,88 g Kohlenhydrate / 11,61 g Fett

Schinken fein hacken.

Schinken in Schüssel geben. Zwiebel-Petersilie-Mischung, Senf, Pfeffer, Salz und Rahm dazugeben und gut vermischen.

Den Blätterteig rund ausrollen. Den Teig mit Teigrädchen oder Messer in acht Dreiecke schneiden.

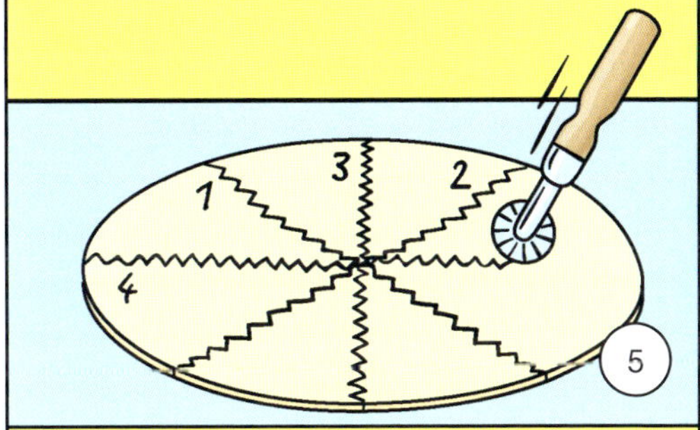

Die Füllung mit einem kleinen Löffel auf die Dreiecke geben.

Die Spitze der Dreiecke mit Eistreiche bestreichen. Zur Spitze hin einrollen.

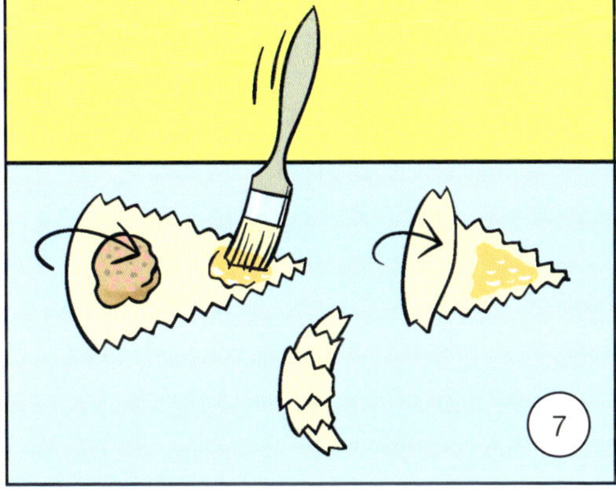

Schinkengipfel auf ein mit Backpapier belegtes Blech legen. Mit Eistreiche bestreichen und 30 Minuten ruhen lassen. In der Ofenmitte bei 190 °C etwa 25 Minuten goldgelb backen.

St. Galler Würste im Teig

Ergibt 4 Stück

400 g Blätterteig
(für selbst gemachten Teig siehe Grundrezept Seite 108)

4 Stück St. Galler Schüblig oder Wienerli

Eistreiche (siehe Grundrezept Seite 115)

Tipp:
Die Wurstgipfel schmecken lecker mit einem gemischten Salat.

Blätterteig rechteckig ausrollen.

Mit dem Teigrädchen in vier Rechtecke schneiden.

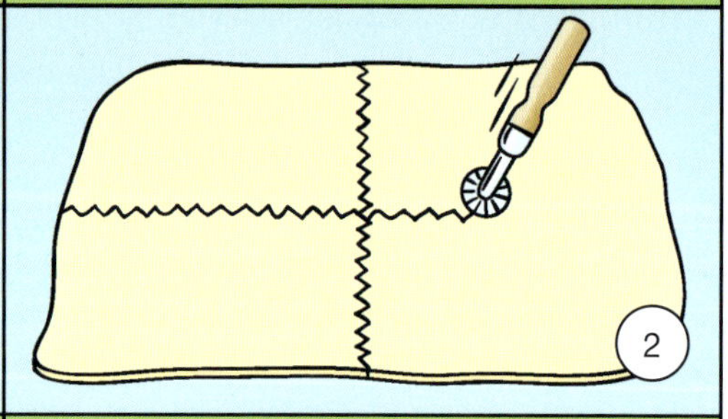

Blätterteig mit Eistreiche bestreichen. Eine Wurst auf jedes Rechteck legen und zur Spitze hin einrollen. Nochmals mit Eistreiche bestreichen und 30 Minuten ruhen lassen.

In der Ofenmitte bei 200 °C 20 Minuten backen.

Teig: 354 kcal / Nährstoffe: 9,23 g Eiweiss / 20,34 g Kohlenhydrate / 26,94 g Fett
Füllung: 685 kcal / Nährstoffe: 18,67 g Eiweiss / 31,01 g Kohlenhydrate / 55,24 g Fett

Emmentaler Bretzeli nach Grossmutters Art

Ergibt etwa 70 Stück

250 g Butter, weich
250 g Zucker
4 Eier
500 g Mehl
1 Bio-Zitrone, abgeriebene Schale
1 Prise Salz
50 g Butter

Elektrisches Brezeleisen

Tipp: Passt gut zu Eiscrème

Mit dem Rührgerät Butter und Zucker schaumig rühren.

Eier beifügen und alles zu einer glatten Masse rühren.

Mehl, Zitronenschale und Salz dazugeben, verrühren und eine Stunde ruhen lassen.

Das heisse Brezeleisen mit Butter bestreichen. Teig mit einer Suppenkelle in die Formen geben. 30 Sekunden goldgelb backen.

Die noch warmen Bretzeli mit einem runden Kellenstiel zu einer Hüppe oder um ein Setzholz zu einem Cornet rollen. Die abgekühlten Bretzeli lassen sich gut in einer Blechdose aufbewahren.

446 kcal / Nährstoffe: 6,15 g Eiweiss / 55,26 g Kohlenhydrate / 22,98 g Fett

Engadiner Nusstorte

1 Nusstorte ergibt 6 Portionen

Springform, 18 cm Durchmesser

400 g Mailänderteig (siehe Grundrezept Seite 110)

100 g Zucker
2 EL Zitronensaft
1 dl Rahm
1 EL Bienenhonig
100 g Baumnüsse, grob gehackt , dazu einige ganze zum Verzieren
Eistreiche (siehe Grundrezept Seite 115)

Tipp: In Folie eingepackt ist die Torte im Kühlschrank etwa zwei Wochen haltbar.

Zucker ohne Wasserzugabe hellbraun rösten (karamellisieren), vorsichtig Zitronensaft zugeben.

Rahm und Bienenhonig in einem andern Topf erhitzen.

Zum Zucker geben, gehackte Baumnüsse hinzufügen und auskühlen lassen.
Das ist die Nussfüllung für die Torte.

Zwei Drittel des Mailänderteigs 4 mm dick ausrollen.

464 kcal / Nährstoffe: 5,86 g Eiweiss / 53,43 g Kohlenhydrate / 26,80 g Fett

Den Teig in eine gebutterte Springform legen und am Rand 5 cm hochziehen. Leicht andrücken.

Nussmasse einfüllen.

Den Teigrand über die Füllung biegen und mit Eistreiche bestreichen. Das aufgesparte Drittel Teig ausrollen und die Torte damit verschliessen.

Nach Belieben mit Nüssen dekorieren und mit einer Gabel Löcher hineinstechen.

Auf der untersten Rille bei 200 °C 30–40 Minuten backen.

Schuhsohlen

Ergibt 8 Stück

200 g Blätterteig
(für selbst gemachten Blätterteig
siehe Grundrezept Seite 108)

2 EL Zucker zum Ausrollen

Haselnusscrème-Füllung
100 g Haselnüsse, gemahlen
100 g Puderzucker
100 g dunkle Schokolade,
geschmolzen

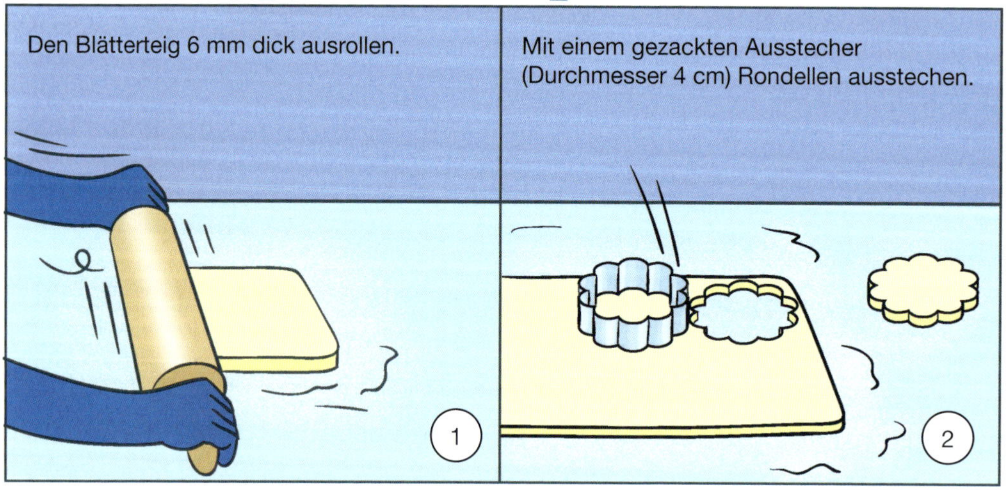

564 kcal / Nährstoffe: 7,47 g Eiweiss / 50,20 g Kohlenhydrate / 40,47 g Fett

Einseitig in Zucker vorrollen.

Mit dem Wallholz 3 mm dick oval ausrollen.

Die Teile mit der Zuckerseite nach oben auf das mit Backpapier belegte Blech geben und 1 Stunde ruhen lassen.

In der Ofenmitte bei 200 °C backen, bis die Oberfläche leicht karamellisiert ist.

Die Haselnüsse mit dem Puderzucker vermischen. Die geschmolzene Schokolade beigeben und erstarren lassen. Anschliessend mit dem Schneebesen wieder geschmeidig rühren.

Die Haselnusscrème mit dem Dressiersack auf eine Schuhsohle verteilen, die zweite darüberlegen. Kühl servieren.

Schokoladenkuchen ohne Mehl

1 Kuchen ergibt 8 Portionen

130 g Butter, weich
200 g Zucker
6 Eigelb
250 g dunkle Schokolade, gehackt
0,5 dl Rahm
6 Eiweiss, steif geschlagen
Prise Salz
130 g Haselnüsse, gemahlen

Für die Dekoration:
1 dl Rahm
1 TL Zucker
Marzipanrosen
(siehe Seite 90)

Butter und Zucker schaumig schlagen. Ein Eigelb nach dem anderen einrühren, etwa 20 Minuten schlagen.

Schokolade im Wasserbad schmelzen (siehe Seite 117). Abkühlen lassen.

400 kcal / Nährstoffe: 5,34 g Eiweiss / 27,93 g Kohlenhydrate / 31,12 g Fett

Abwechselnd Rahm, gemahlene Haselnüsse und Schokolade unter die Buttercreme ziehen.

Eischnee und Salz auf die Teigmasse geben und mit dem Spachtel vorsichtig darunterziehen.

Alles in die mit Backpapier ausgelegte Springform geben.

In der Ofenmitte bei 180 °C 30 Minuten backen.

Den Kuchen 1–3 Tage stehen lassen; so kann sich der Geschmack entfalten.

Zum Dekorieren 1 dl Rahm mit dem Zucker steif schlagen. In einen Dressiersack mit Sterntülle füllen und den Kuchen verzieren. Nach Belieben mit Marzipanrosen schmücken.

Bienenstich aus Genf

Ergibt etwa 12 Stück

1,3 dl Milch
5 TL Honig
20 g Hefe
250 g Mehl
1 Prise Salz
20 g Butter

Guss:
30 g Butter, weich
3 TL Honig
1 EL Milch
50 g Mandeln, gehobelt

Vanillecrème (siehe Grundrezept Seite 113)

Milch und Honig bei etwa 36 °C leicht erwärmen. Die zerbröckelte Hefe darin auflösen.

Mehl und Salz mischen.

Mit der Honig-Milch-Hefe-Mischung und der weichen Butter zu einem geschmeidigen Teig kneten. 30 Minuten zugedeckt aufgehen lassen.

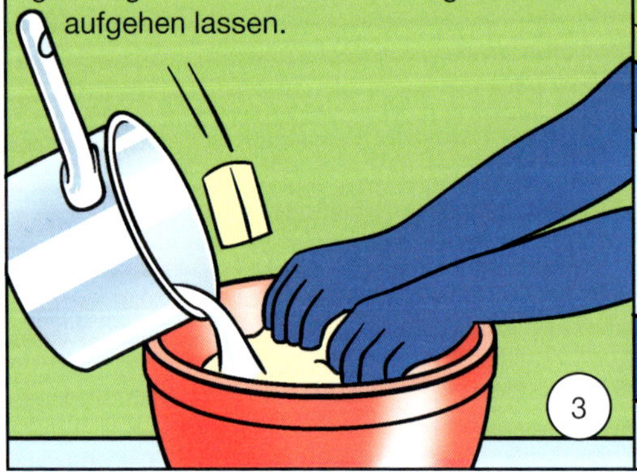

Teig auf Blechgrösse rechteckig ausrollen.

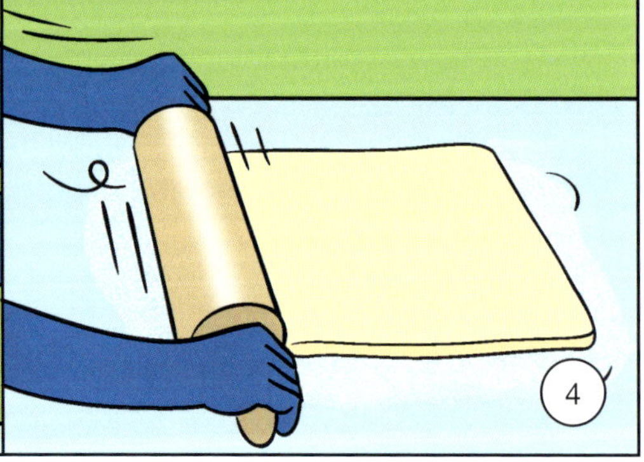

340 kcal / Nährstoffe: 9,77 g Eiweiss / 45,88 g Kohlenhydrate / 14,38 g Fett

Teig auf ein mit Backpapier belegtes Blech geben und mit einem Tuch zugedeckt nochmals 15 Minuten aufgehen lassen.

Zutaten für den Guss mischen, kurz in einem Topf erhitzen.

Den Guss auf dem Teig verteilen.

Auf der untersten Rille bei 190 °C etwa 20 Minuten goldgelb backen. Auskühlen lassen.

Den gebackenen Bienenstich mit dem Messer in 12 Rechtecke schneiden.

Die Stücke waagrecht durchschneiden. Den unteren Teil mit Vanillecrème bestreichen. Den oberen Teil wieder draufsetzen.

Meringues aus Meiringen

Sie hat einen französischen Namen, kommt aber aus dem Berner Oberland und versüsst hierzulande so manches Dessert: die Meringue.
Wer aber hat sie erfunden? Im 17. Jahrhundert soll ein italienischstämmiger Konditor namens Gasparani das Schaumgebäck in Meiringen erfunden haben – der Liebe wegen.

Ergibt etwa 220 g Meringues

4 Eiweiss, frisch
200 g Zucker
1 Prise Salz

Lebensmittelfarbe: rot, gelb oder blau

Tipp:
Die Meringues lassen sich gut in einer luftdichten Plastikdose aufbewahren.

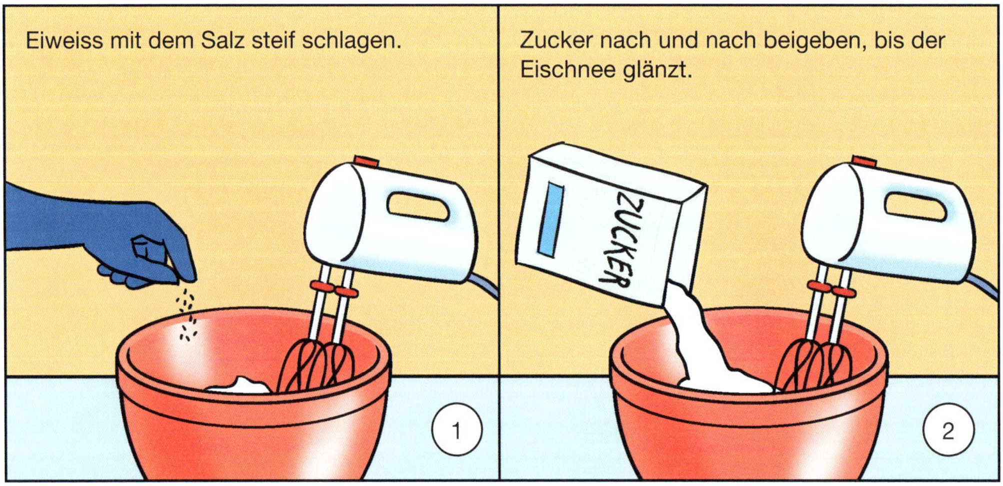

322 kcal / Nährstoffe: 2,30 g Eiweiss / 78,19 g Kohlenhydrate / 0,02 g Fett

4–8 Tropfen Lebensmittelfarbe beigeben.

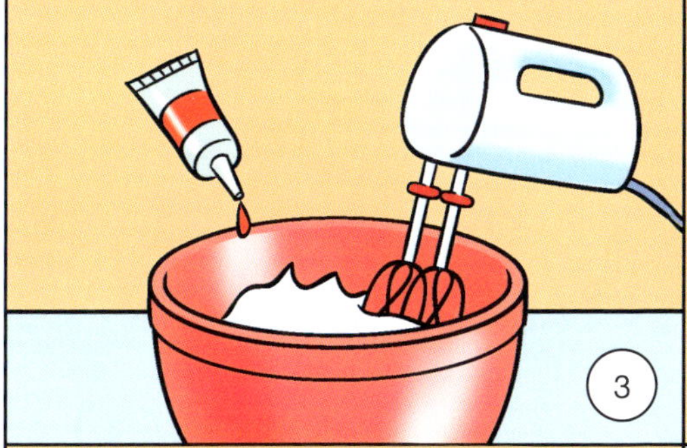

Fingerprobe: Der Eischnee muss stehen.

Eischnee in einen Dressiersack mit Sterntülle füllen und kleine Meringues auf ein mit Backpapier belegtes Blech dressieren.

In der unteren Ofenhälfte bei etwa 120 °C 30 Minuten, dann bei 80 °C etwa 1 Stunde trocknen lassen (Backofentür einen Spalt breit öffnen), bis die Meringues hart sind.

Das Gebäck vorsichtig vom Backpapier ablösen, auf einem Gitter abkühlen lassen.

Die Meringues schmecken gut mit Beeren und Eiscrème.

Vogelnestli

Ergibt 8 Stück

400 g Mailänderteig (siehe Grundrezept Seite 110)

3 Eiweiss, frisch
1 Prise Salz
100 g Zucker
250 g Haselnüsse gemahlen
1 TL Zitronensaft
3 EL Vierfrucht-Konfitüre

Tipp:
Statt der gemahlenen Haselnüsse kann man auch gemahlene Mandeln oder Kokosraspel nehmen.

460 kcal / Nährstoffe: 8,27 g Eiweiss / 51,95 g Kohlenhydrate / 27,04 g Fett

Eiweiss mit Salz steif schlagen.

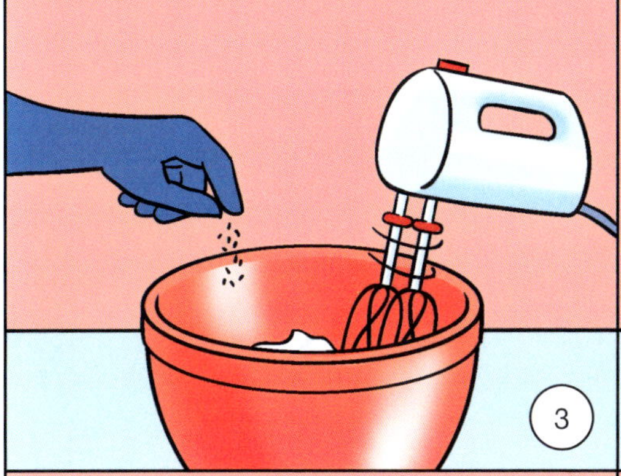

Die Hälfte des Zuckers beigeben und zu Halbschnee schlagen.

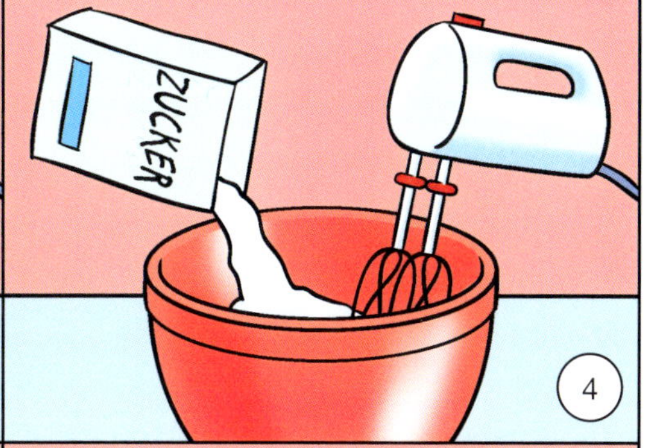

Restlichen Zucker, Nüsse und Zitronensaft sorgfältig daruntermischen.

Masse in einen Spritzsack mit Sterntülle (etwa 1 cm Durchmesser) geben. Je ein Kränzchen auf die Teigrondellen dressieren. Dabei ringsum einen Rand von 5 mm frei lassen.

Konfitüre glattrühren und mit einem Teelöffel in die Mitte des Kränzchens geben.

Nestli bei 180 °C 20 Minuten in der Ofenmitte backen. Wenn sie fertig gebacken sind, auf einem Gitter abkühlen lassen. Dann servieren. Apfelschnitze passen gut dazu.

Ergibt 850 g Guetzli

1 kg Mailänderteig
(siehe Grundrezept Seite 110)

50 g Kakaopulver
Rote Lebensmittelfarbe
2 Kunststoffleisten, 7 mm dick
(erhältlich im Fachhandel)

100 g Teig zur Seite legen. Restlichen Teig halbieren. In die eine Hälfte das Kakaopulver kneten, die andere Hälfte mit 8 Tropfen roter Farbe einfärben.

438 kcal / Nährstoffe: 6,91 g Eiweiss / 59,21 g Kohlenhydrate / 20,74 g Fett

Den dunklen Teig leicht mit Wasser bestreichen.

Den roten Teig darauflegen und leicht anpressen. Halbieren, mit Wasser befeuchten und die Hälften aufeinanderlegen.

Vier 7 mm dicke Scheiben schneiden. Mit Wasser befeuchten und zu einem Block (siehe Bild 6) zusammenfügen. Leicht anpressen und 20 Minuten ruhen lassen.

Den anfangs zur Seite gelegten Teigrest ausrollen und den Block damit einwickeln.

Mit dem Messer Scheiben schneiden und auf ein mit Backtrennpapier belegtes Blech geben. Bei 180 °C etwa 15 Minuten in der Ofenmitte backen.

Anstelle eines Schachbretts kannst du auch eine Spiralenstange rollen.

Zuger Chriesi-Torte

1 Kuchen ergibt 8 Portionen

Kuchenform, 30 cm Durchmesser

4 Eigelb
500 g Kirschen, entsteint, inkl. Saft
4 Eiweiss
50 g Zucker
40 g Weizenstärke
1 EL Mandeln, gemahlen

Zopfmasse:
200 g Zopf, gestückelt, getrocknet
400 g Milch
50 g Zucker

Buttermasse:
120 g Butter
50 g Zucker
250 g Mandeln, gemahlen
$^{1}/_{2}$ TL abgeriebene Schale einer Bio-Zitrone
$^{1}/_{2}$ TL Zimt
$^{1}/_{2}$ TL Salz

Achtung:
Rezept braucht Vorbereitung am Vortag.

Zutaten für die Zopfmasse in einer Schüssel über Nacht bei Zimmertemperatur einweichen.

Gemahlene Mandeln leicht in einer Pfanne rösten.

Für die Buttermasse Mandeln, Butter, Zucker und Zitrone schaumig rühren.

Salz und Zimt dazugeben.

250 kcal / Nährstoffe: 5,76 g Eiweiss / 23,55 g Kohlenhydrate / 15,05 g Fett

Weiterrühren, abwechselnd Eigelb und Zopfmasse beigeben.

Entsteinte Kirschen mit Saft darunter-mischen.

Eiweiss, Zucker und Weizenstärke in einer Schüssel zu Halbschnee schlagen.

Eiweissmasse portionenweise unter die Teigmasse ziehen.

Form mit Butter ausstreichen und mit gemahlenen Mandeln aus-streuen.

Teigmasse in die Form giessen und glattstreichen.

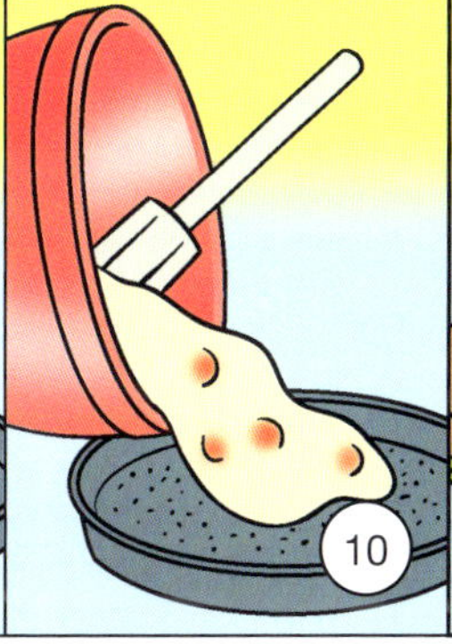

In der Ofenmitte bei 180 °C etwa 40 Minuten backen.

Tipp: Mit frischen Kirschen dekorieren.

Speckkuchen aus Murten

1 Kuchen ergibt 8 Portionen

Kuchenblech, 30 cm Durchmesser

80 ml Wasser
80 ml Milch
10 g Hefe
5 g Salz
20 g Butter
250 g Weissmehl

Guss:
1 dl Rahm
150 g geräucherter Speck
1 Prise Salz

330 kcal / Nährstoffe: 11,28 g Eiweiss / 31,03 g Kohlenhydrate / 18,38 g Fett

Teig zugedeckt eine Stunde gehen lassen. Dann Teig zu einer Kugel formen und etwa 30 Minuten bei 5 °C kühl stellen.

Teig auf etwa 2 mm ausrollen und in das mit Backpapier belegte Kuchenblech geben. Teig muss den Rand bis oben abdecken.

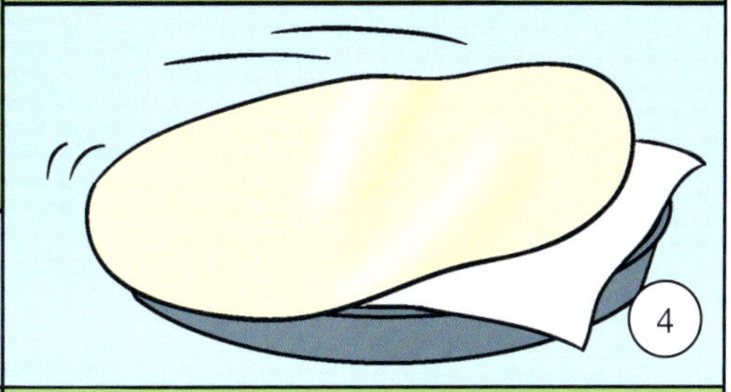

30 Minuten zugedeckt, bei Raumtemperatur aufgehen lassen.

Rand andrücken und mit dem Finger Vertiefungen auf dem Boden anbringen.

Teigboden mit Rahm übergiessen und mit fein geschnittenem, geräuchertem Speck belegen. Wenig Salz aufstreuen.

In der unteren Ofenhälfte bei 220 °C 15–20 Minuten backen.

Thurgauer Apfeljalousie

1 Apfeljalousie ergibt 6 Portionen

500 g Blätterteig
(für selbst gemachten Blätterteig siehe Grundrezept Seite 108)

250 g Äpfel, geschält, Kerngehäuse entfernt

10 g Butter
10 g Zitronensaft
1 EL Zucker
1 EL Sultaninen
Etwas Zimt

Eistreiche (siehe Grundrezept Seite 115)

Puderzucker zum Bestäuben

Die Äpfel in Würfel schneiden. Apfelwürfel mit Butter, Zitronensaft, Zucker, Sultaninen und Zimt kurz dünsten.

Flüssigkeit durch ein Sieb abschütten und zu einem Sirup einkochen. Danach mit den gedünsteten Äpfeln mischen und kühl stellen.

Blätterteig 2 mm dick ausrollen. Je einen Streifen von 12x20 cm und 15x20 cm zuschneiden und auf das mit Backpapier belegte Blech geben. Auf dem breiten Streifen im Abstand von 5–10 mm quer Einschnitte von ca. 6 cm Länge anbringen.

Kalte Apfelfüllung auf dem schmalen Teigstreifen verteilen. Auf beiden Seiten etwa 1,2 cm Teigrand frei lassen. Teigrand mit Eistreiche bestreichen.

359 kcal / Nährstoffe: 3,64 g Eiweiss / 29,73 g Kohlenhydrate / 26,12 g Fett

Eingeschnittenen Teigstreifen locker aufrollen.

Über die Apfelfüllung abrollen.

Ränder mit einer Gabel gut andrücken. Jalousie etwa 30 Minuten kühl stellen.

Mit Eistreiche bestreichen.

In der Ofenmitte bei 200 °C etwa 30 Minuten goldgelb backen.

Mit Puderzucker bestreuen und lauwarm geniessen.

Osterfladen

1 Osterfladen ergibt 8 Portionen

Kuchenblech, 30 cm Durchmesser

350 g Kuchenteig (siehe Grundrezept Seite 111)

1 Vanilleschote
1 dl Wasser
120 g Risottoreis
4 dl Milch
30 g Butter
2 EL Mandeln, gemahlen
3 EL Honig
½ Bio-Zitrone, abgeriebene Schale
2 Eier
1 Prise Salz
70 g Rosinen
Puderzucker zum Bestäuben
3 Zucker-Ostereier

Karton für Schablone

Vanilleschote aufschneiden und Mark herauskratzen (wie Seite 32). Vanilleschote und Mark mit Wasser und Risottoreis aufkochen. Milch dazugiessen.

Zugedeckt 15 Minuten kochen lassen. Temperatur reduzieren. Unter gelegentlichem Rühren 10 Minuten weiter köcheln.

Vanilleschote entfernen. Butter, Mandeln, Honig und Zitronenschale beigeben und rühren. Reismasse auskühlen lassen.

Kuchenteig auf 2 mm Dicke ausrollen und auf Backpapier ins Kuchenblech legen. Mit einer Gabel einstechen.

231 kcal / Nährstoffe: 5,44 g Eiweiss / 28,77 g Kohlenhydrate / 11,04 g Fett

Eier trennen. Eigelb unter die Reismasse mischen.

Eiweiss mit Salz zu Schnee schlagen.

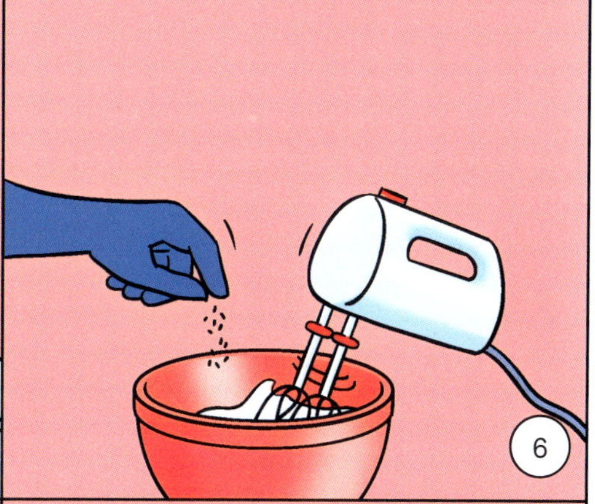

Eischnee unter die Reismasse heben.

Kuchenteig mit Rosinen bestreuen. Reismasse auf dem Teig verteilen.

In der unteren Ofenhälfte bei 180–200 °C etwa 35 Minuten backen.

Nach dem Auskühlen Hasenschablone (Vorlage: www.globi.ch und Seite 118) ausschneiden und auf den Fladen legen. Mit Puderzucker bestauben. Schablone entfernen und den Kuchen mit den Zucker-Ostereiern dekorieren.

Walliser Aprikosenwähe/Früchtekuchen

Wähe, Fladen, Tuurte, Chueche ... – ein Urschweizer Gebäck, das so vielfältig ist wie seine Namen:Wähen können süss oder salzig sein, mal enthalten sie Fleisch, mal sind sie vegetarisch. Zu Urgrossmutters Zeiten war eine Wähe so gross wie ein Wagenrad. Oft wurde sie an Waschtagen gebacken, wenn die Zeit zum Kochen knapp war. Eine Wähe ist rasch zubereitet, und frisch aus dem Ofen schmeckt sie am besten!

1 Kuchen ergibt 8 Portionen

Kuchenblech, 30 cm Durchmesser

500 g Blätterteig (siehe Grundrezept Seite 108)

800 g Aprikosen

Kuchenguss
4 Eier
100 g Zucker
1 Paket Vanillezucker
5 dl Rahm

Wenig Zucker zum Bestreuen

Tipp: Die Wähe lässt sich auch mit anderen Früchten oder mit Beeren belegen. Warm und mit kühlem Rahm schmeckt sie am besten.

Vorbereiten der Früchte:

Aprikosen oder Zwetschgen: waschen, halbieren und entsteinen.

Äpfel oder Birnen: schälen und in gleichmässige Schnitze schneiden oder grob raffeln.

Kirschen: überbrausen und entsteinen.

Rhabarber: waschen, schälen und in gleichmässige Würfel schneiden.

Heidelbeeren (tiefgekühlt)

1

Blätterteig 2–3 mm dick ausrollen und in ein mit Backpapier ausgelegtes Kuchenblech geben.

2

250 kcal / Nährstoffe: 3,24 g Eiweiss / 18,83 g Kohlenhydrate / 18,79 g Fett

Den Boden mit einer Gabel einstechen, anschliessend gleichmässig mit Aprikosen belegen.

Die Eier in einer Schüssel verquirlen.

Zucker und Vanillezucker beigeben. Rahm hinzufügen und alles gut verrühren.

Den Guss über die Aprikosen geben.

Den Kuchen in der unteren Ofenhälfte bei 210 °C ungefähr 40 Minuten backen.

Nach dem Backen mit wenig Zucker bestreuen.

Freiburger Käsewähe

1 Wähe ergibt 8 Portionen

Kuchenblech, 30 cm Durchmesser

350 g Kuchenteig (siehe Grundrezept Seite 111)

1 Zwiebel
10 g Butter
150 g Freiburger Vacherin, gerieben
150 g Gruyère, gerieben

Guss:
2 Eier
3 dl Milch
2 g Pfeffer
1 Prise Salz
2 g Muskatnuss, gerieben

Tipp:
Die Zutaten reichen auch für 10 kleine Käseküchlein von etwa 9 cm Durchmesser.
Die Backzeit reduziert sich dann um etwa 10 Minuten.

Kuchenteig 2–3 mm dick ausrollen und in das mit Backpapier ausgelegte Kuchenblech geben. Mit einer Gabel einstechen.

Die Zwiebel schälen und fein hacken. In Butter leicht andünsten.

249 kcal / Nährstoffe: 10,55 g Eiweiss / 18,15 g Kohlenhydrate / 15,54 g Fett

Eier und Milch in einer Schüssel verrühren, mit Pfeffer, Salz und Muskatnuss würzen.

Gedünstete Zwiebeln und Käse zufügen, gut mischen.

Auf dem Teigboden verteilen.

Die Käsewähe in der unteren Ofenhälfte bei 220 °C rund 35–40 Minuten backen.

Basler Zwiebelwähe

1 Wähe ergibt 8 Portionen

Kuchenblech, 30 cm Durchmesser

350 g Kuchenteig (siehe Grundrezept Seite 111)

8 Zwiebeln, gross
40 g Butter

Guss:
2 Eier
3 dl Milch
2 g Pfeffer
1 Prise Salz
2 g Muskatnuss, gerieben

Zwiebeln in dünne Scheiben schneiden und in Butter unter häufigem Wenden bei mittlerer Hitze etwa 10 Minuten andämpfen und abkühlen lassen.

Den Teig 2–3 mm dick ausrollen und auf das mit Backpapier belegte Kuchenblech geben. Mit einer Gabel einstechen. Die Zwiebelscheiben auf dem Teigboden verteilen.

Die Zutaten für den Eierguss in einer Schüssel verquirlen und über die Wähe giessen.

In der unteren Ofenhälfte bei 220 °C 35–40 Minuten backen.

151 kcal / Nährstoffe: 3,93 g Eiweiss / 15,57 g Kohlenhydrate / 8,74 g Fett

Waadtländer Lauchkuchen

1 Kuchen ergibt 8 Portionen

Kuchenblech, 30 cm Durchmesser

350 g Kuchenteig (siehe Grundrezept Seite 111)

300 g Lauch, in Streifen geschnitten
150 g Waadtländer Wurst
40 g Butter

Guss:
2 Eier
3 dl Milch
2 g Pfeffer
1 Prise Salz
2 g Muskatnuss, gerieben

Die Wurst in Scheiben schneiden. 2/3 der Wurstscheiben mit dem Lauch kurze Zeit in Butter dämpfen.

Den Teig 2–3 mm ausrollen und auf das mit Backpapier belegte Kuchenblech geben. Mit einer Gabel einstechen. Die abgekühlte Lauch-Wurst-Mischung auf dem Teigboden verteilen.

Die Zutaten für den Eierguss in einer Schüssel verquirlen und über die Wähe giessen. Mit den restlichen Wurstscheiben garnieren.

In der unteren Ofenhälfte bei 220 °C 35–40 Minuten backen.

209 kcal / Nährstoffe: 6,22 g Eiweiss / 15,66 g Kohlenhydrate / 14,04 g Fett

Ochsenäugli

Ergibt 7 Stück

400 g Mailänderteig (siehe Grundrezept Seite 110)
100 g Aprikosenmarmelade

Tipp:
Zum Valentinstag kannst du statt Rondellen auch Blumen oder Herzen ausstechen.

Den Mailänderteig 2,5 mm dick ausrollen. Rondellen von etwa 6 cm Durchmesser ausstechen. In die Hälfte der Rondellen mit einem kleineren Ausstecher ein Loch ausstechen.

Die Rondellen mit und ohne Loch separat auf je ein mit Backpapier belegtes Backblech legen. Etwa 15 Minuten kühl stellen. Bei 180 °C in der Ofenmitte 8–11 Minuten backen (Rondellen mit Loch haben eine kürzere Backzeit).

Mit einem Löffel Aprikosenmarmelade auf die ausgekühlten, gebackenen Rondellen geben und verstreichen.

Die Rondellen mit Loch daraufsetzen.

401 kcal / Nährstoffe: 4,98 g Eiweiss / 60,15 g Kohlenhydrate / 16,41 g Fett

Hexenfinger

Ergibt etwa 15 Stück

500 g Mailänderteig (siehe Grundrezept Seite 110)
Etwas Erdbeerkonfitüre
Mandeln, geschält und halbiert

Eistreiche
(siehe Grundrezept Seite 115)

Den Teig zu einer 2 cm dicken Rolle rollen. Anschliessend die Rolle in fingerlange Stücke schneiden.

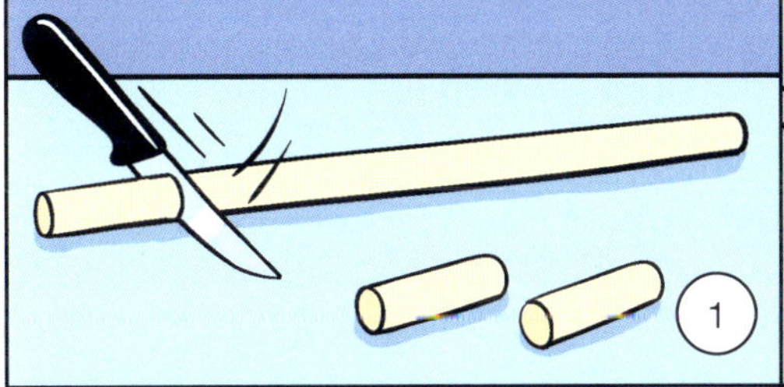

1

Das Nagelbett markieren, mit Erdbeerkonfitüre ausstreichen und eine halbierte Mandel als Nagel drauflegen. Fingergelenke eindrücken und mit Messer markieren.

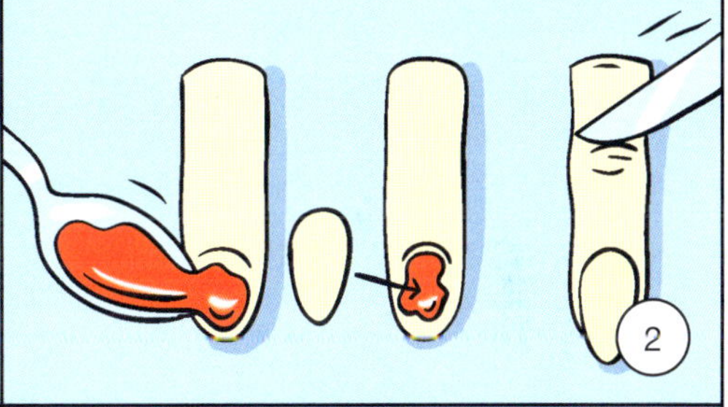

2

Vor dem Backen nochmals 15 Minuten kühl stellen. Dann die Finger mit Eistreiche bestreichen.

3

Bei 190 °C in der Ofenmitte etwa 15 Minuten backen.

4

408 kcal / Nährstoffe: 5,19 g Eiweiss / 60,10 g Kohlenhydrate / 17,09 g Fett

Berliner

Ergibt 15 Stück

1 dl Milch
20 g Hefe
30 g Zucker
250 g Weissmehl
1 Prise Salz
30 g Butter
2 Eier
½ Bio-Zitrone, abgeriebene Schale
100 g Himbeerkonfitüre ohne Kerne
30 g Puderzucker
1 Fritteuse mit Öl oder ein Topf
mit etwa ½–1 l Öl

Die Berliner werden nur ausserhalb von Berlin so genannt. Woher sie genau kommen, weiss man nicht. Berliner isst man vor allem zur Fasnacht, die vor der vierzigtägigen Fastenzeit stattfindet. In der sogenannten Fastennacht musste man früher die verderblichen Vorräte aufessen. Die Volkstradition war vermutlich schon im 15. Jahrhundert bekannt. In der ersten Hälfte des 19. Jahrhunderts entstand die heutige Fasnacht mit Maskenbällen, Schnitzelbänken und Laternen. In den 1870er-Jahren entstanden die ersten Cliquen. Die Luzerner sprechen vom «Grend», die Basler von der «Larve». In der Schweiz gibt es über 500 Fasnachtsgruppen, und die meisten haben ihre eigenen Brauchtumsmasken.

Zerbröckelte Hefe mit dem Zucker in lauwarmer Milch auflösen.

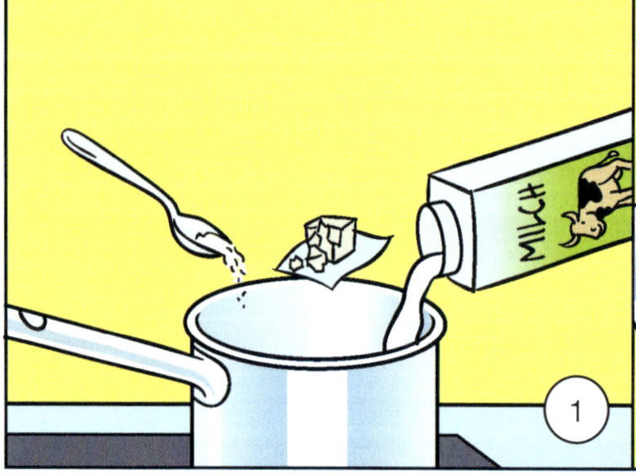

Mehl in eine Schüssel geben. Hefe-Zucker-Milch-Mischung, Butter, Eier, Zitronenschale und Salz zum Mehl geben.

337 kcal / Nährstoffe: 6,97 g Eiweiss / 42,12 g Kohlenhydrate / 16,26 g Fett

Alles gut zu einem elastischen Teig kneten.

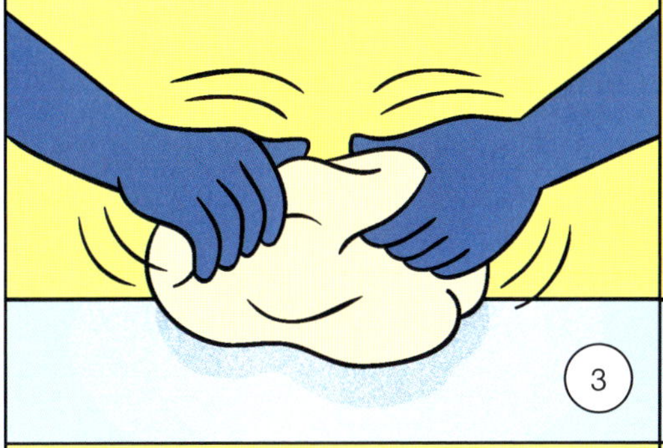

Teig in eine Schüssel geben und während einer Stunde mit einem Küchentuch zugedeckt aufgehen lassen.

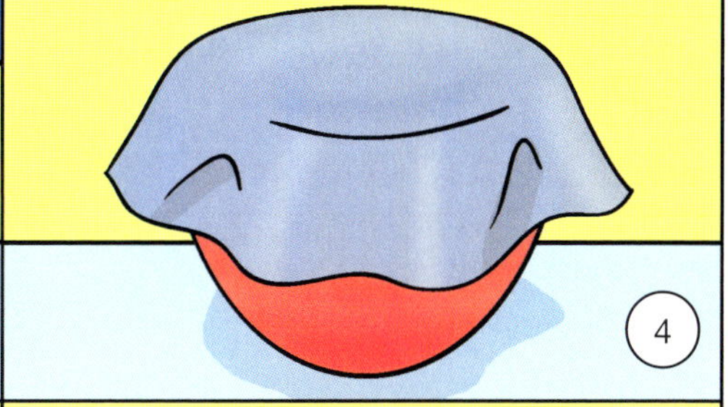

Teig zu einer etwa 3 cm dicken Wurst rollen. 3 cm breite Stücke abschneiden (etwa 40 g) und diese zu Kugeln formen. Zugedeckt auf einem mit Mehl bestreuten Tuch 20 Minuten aufgehen lassen.

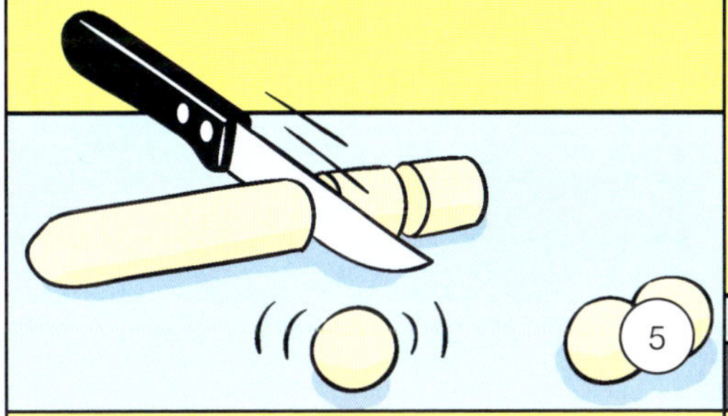

Die Teigkugeln mit einer Schaumkelle in der Fritteuse oder in einem Topf bei 160 °C ca. 5 Minuten backen.
Zweimal mit zwei Kochlöffelstielen wenden und dann mit der Schaumkelle herausnehmen.

Berliner auf einem Küchenpapier gut abtropfen lassen. Dann mit einem Holzstiel seitlich ein Loch eindrücken.

Himbeerkonfitüre mit einem Schneebesen gut durchrühren.

Konfitüre in einen Dressiersack mit kleiner Lochtülle geben und die Berliner damit füllen.
Fertige Berliner mit Puderzucker bestäuben.

Zimtsterne

Ergibt 50 Stück

500 g Mandeln, gemahlen
300 g Puderzucker
2 TL Zimt
2 Eiweiss

Für die Glasur:
1 Eiweiss
130 g Puderzucker

Etwas Puderzucker zum Ausrollen

Tipp:
Die fertigen Zimtsterne lassen sich in einer luftdichten Blechdose 2 Wochen aufbewahren.

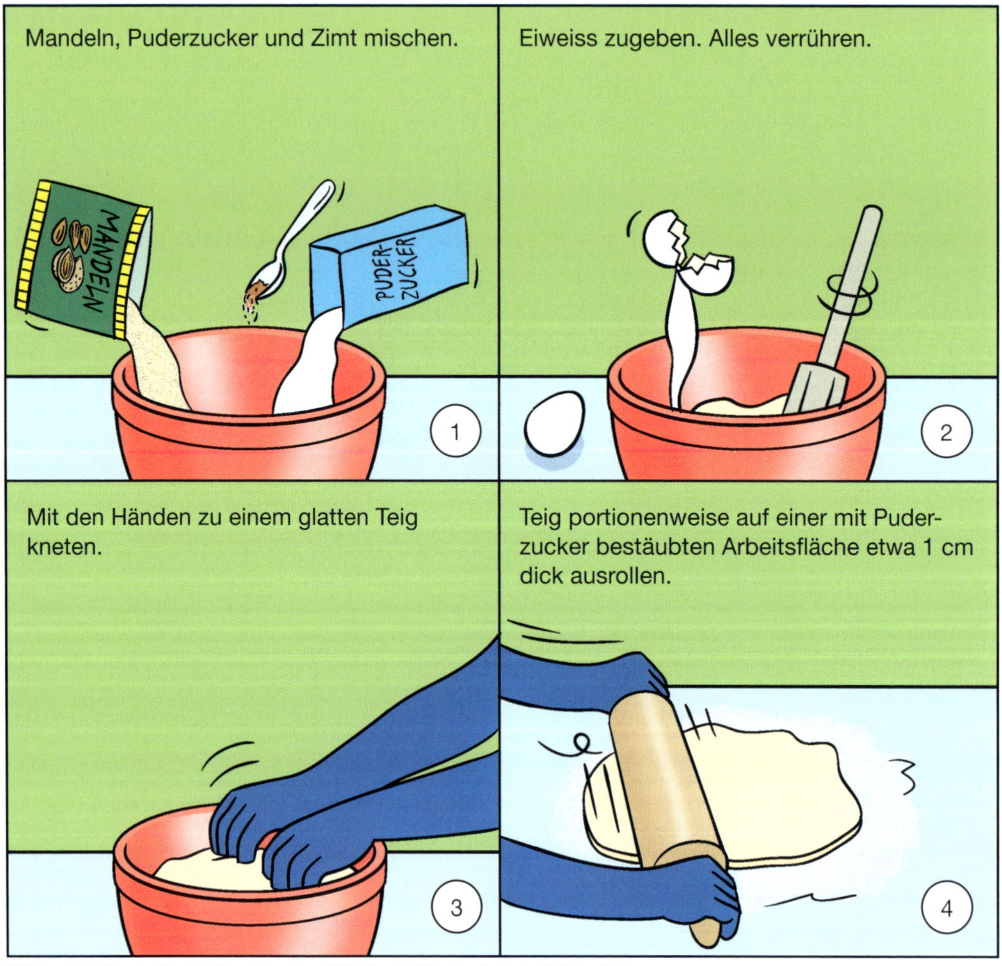

509 kcal / Nährstoffe: 15,53 g Eiweiss / 35,59 g Kohlenhydrate / 38,52 g Fett

Sterne ausstechen und auf ein mit Backpapier belegtes Blech geben. Ausstecher zwischendurch immer wieder in Puderzucker tauchen.

Für die Glasur Eiweiss steif schlagen.

Puderzucker während des Steifschlagens nach und nach zugeben.

Die Sterne mit der Glasur bepinseln und eine Stunde antrocknen lassen.

Auf der untersten Rille bei 150 °C 10–15 Minuten backen.

Die Zimtsterne sind fertig gebacken, wenn sie auf Fingerdruck leicht nachgeben und die Unterseite noch etwas feucht ist.

Globis Geburtstagstorte

1 Kuchen ergibt 8 Portionen

Buttercrème (etwa 350 g):
3 Eigelb
100 g Zucker
200 g Butter
1 Paket Vanillezucker
20 Tropfen blaue Lebensmittelfarbe

Biskuit (siehe Grundrezept Seite 112)

Zuckersirup
(siehe Grundrezept Seite 115)

Dekor:
Marzipan-Tiere (Seite 92) und
Marzipan-Blumen (Seite 90)

Tipp:
Für Schokoladen-Buttercrème:
25 g Kakaopulver oder 80 g
geschmolzene dunkle
Schokolade in die Butter-
crème einrühren.

Eigelb und Zucker im heissen Wasserbad cremig rühren (siehe Seite 117). Auf etwa 82 °C erhitzen und auskühlen lassen.

Die weiche Butter und den Vanillezucker mit dem Rührgerät schaumig rühren.

472 kcal / Nährstoffe: 4,51 g Eiweiss / 40,65 g Kohlenhydrate / 33,03 g Fett

Die Eigelb-Zucker-Masse unterrühren.

Lebensmittelfarbe beigeben.

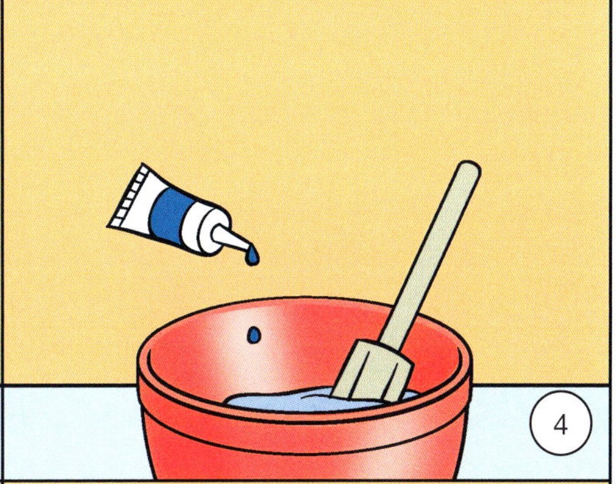

Das Biskuit zweimal mit einem Messer oder einem Nylonfaden durchschneiden (siehe Seite 117). Es sollen 3 Teile entstehen.

Den ersten Boden mit einem Teil der Crème bestreichen.

Den zweiten Boden drauflegen und mit Zuckersirup beträufeln. Wieder mit Crème bestreichen.

Den dritten Boden drauflegen, Torte ganz mit der restlichen Crème bestreichen und 1 Stunde in den Kühlschrank stellen.
Mit Marzipan verzieren.

Erdbeertorte zum Muttertag

1 Torte ergibt 8 Portionen

Biskuit (siehe Grundrezept Seite 112), in einer Herz-Springform (ca. 24 cm breit) gebacken.

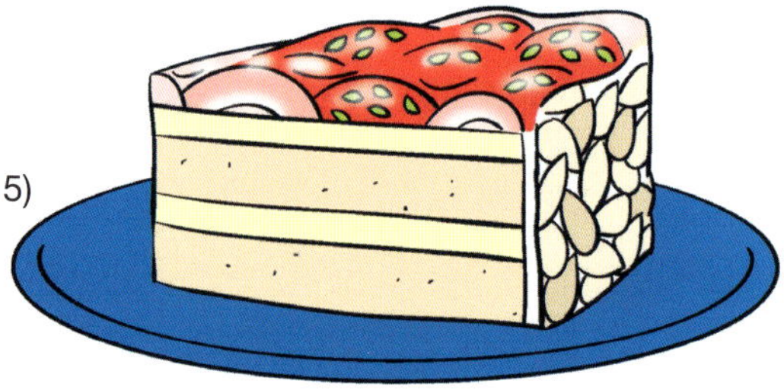

500 g Erdbeeren
50 ml Zuckersirup (siehe Grundrezept Seite 115)
900 g Vanillecrème (siehe Grundrezept Seite 113)
60 g Erdbeergelee (gekauft)
100 ml Rahm
50 g Mandelblätter

Das abgekühlte Biskuit einmal mit einem Messer oder einem Nylonfaden (siehe Seite 117) durchschneiden.

Den unteren Boden auf eine Tortenplatte legen und mit der Hälfte der Crème bestreichen.

Den oberen Boden drauflegen, andrücken und mit Zuckersirup tränken.

Den oberen Boden drauflegen, andrücken und mit der restlichen Vanillecrème bestreichen. Die Torte für 3 Stunden in den Kühlschrank stellen.

169 kcal / Nährstoffe: 3,84 g Eiweiss / 25,77 g Kohlenhydrate / 5,64 g Fett

Den Rahm steif schlagen.

Die Torte rundherum mit Rahm bestreichen.

Die Erdbeeren waschen, Stiele entfernen und halbieren.

Die halben Erdbeeren auf die Torte legen.

Den Erdbeergelee erwärmen und mit dem Pinsel auftragen.

Rundherum mit Mandelblättchen belegen.

Haferflöckli-Taler

Ergibt 50 Stück

120 g Butter
120 g Zucker
1 Paket Vanillezucker
1 Prise Salz
1 Ei
120 g Haferflocken
200 g weisse Schokolade
120 g Mehl
½ Paket Backpulver

Ein Grossteil des Hafers wird als leistungsförderndes Tierfutter verwertet. Für Pferde ist er ein wahres Kraftfutter und macht so manchen müden Gaul wieder zum stolzen Ross. Daher kommt auch der Spruch «Ihn sticht der Hafer». Für den Menschen ist Hafer ebenfalls ein wertvoller Nahrungsbestandteil und ist in Backwaren, in Müesli und Brei vertreten.

468 kcal / Nährstoffe: 3,23 g Eiweiss / 55,40 g Kohlenhydrate / 30,79 g Fett

Haferflocken und Schokolade (fein gehackt) daruntermischen.

Mehl und Backpulver mischen.

Der Masse beigeben und kurz rühren.

Mit zwei Teelöffeln baumnussgrosse Häufchen aus der Masse formen. Auf das mit Backpapier belegte Blech geben.

Mit einer in kaltes Wasser getauchten Gabel die Masse leicht flachdrücken.

In der Ofenmitte bei 180 °C etwa 10 Minuten backen.

Bärentatzen

Ergibt 30 Stück

150 g Butter (weich)
150 g Zucker
1 Paket Vanillezucker
1 Messerspitze Salz
1 Ei
250 g Mehl
150 g dunkle Schokolade

Tipp:
Die Bärentatzen lassen sich in einer gut verschlossenen Dose 2 Wochen aufbewahren.

Butter schaumig rühren. Zucker, Vanillezucker, Salz und Ei zugeben. Rühren, bis die Masse hell ist.

Mehl dazugeben und die Masse zu einem geschmeidigen Teig verrühren.

454 kcal / Nährstoffe: 5,84 g Eiweiss / 56,78 g Kohlenhydrate / 23,80 g Fett

Masse in einen Dressiersack mit Sterntülle füllen. Pfötchen (3 cm lang) auf das mit Backpapier belegte Blech dressieren.

In der Ofenmitte bei 170 °C 10–15 Minuten backen.

Die Schokolade in kleine Stücke schneiden und im Wasserbad schmelzen (siehe Seite 117).

Den breiteren Teil der Bärentatzen etwa ½ cm tief in die Schokolade tauchen. Dann auf ein Gitter oder ein Backpapier legen.

Die Schokolade sofort mit einer Gabel zur Spitze ziehen.

Bärentatzen schmecken gut zu einem Glas Milch.

Energieriegel

Ergibt 15 Riegel

30 g Butter
120 g Honig
50 g Walnüsse
50 g Cornflakes
2 EL Orangensaft
150 g Vollkornhaferflocken
50 g Aprikosen, getrocknet
50 g Rosinen

365 kcal / Nährstoffe: 2,57 g Eiweiss / 59,69 g Kohlenhydrate / 13,64 g Fett

Aprikosen fein würfeln und mit den Rosinen unter die Masse rühren.

Die Masse auf einem mit Backpapier ausgelegten Blech gleichmässig verstreichen.

In der Ofenmitte bei 150 °C etwa 30 Minuten backen.

Noch warm mit einem Sägemesser in Riegel schneiden.

Abgekühlte Riegel einzeln in Plasikfolie einwickeln.

Kühl und luftdicht aufbewahren (halten sich etwa 3 Wochen).

Backutensilien

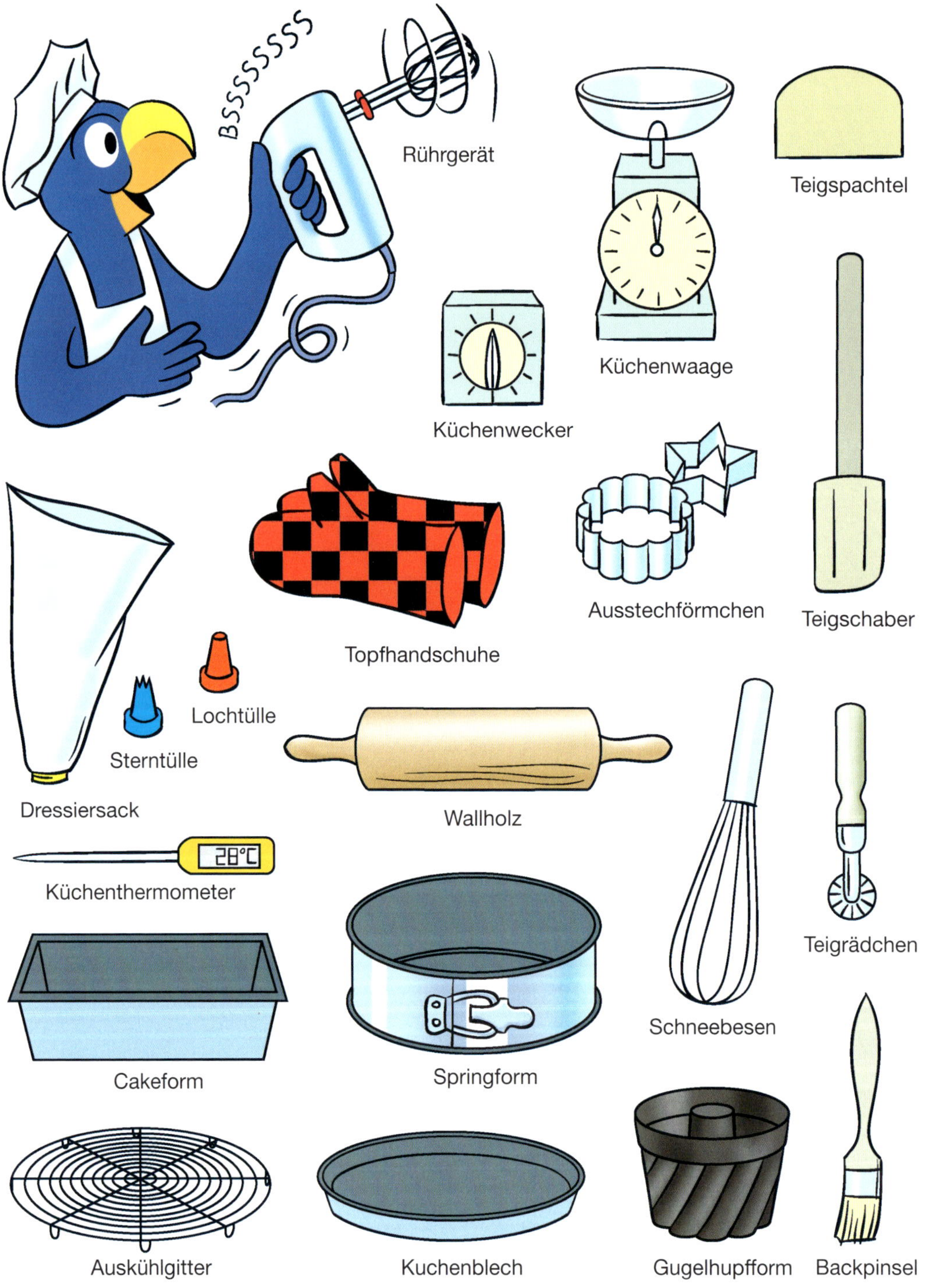

Globi, der Confiseur

Magenbrot

Ergibt 30 Stück

Teig:
300 g Ruchmehl
½ Paket Backpulver
2 EL Kakaopulver
2 EL Rahm
½ TL Zimt
½ TL Nelkenpulver
2 Prisen Salz
130 g Zucker
1½ dl Wasser

Glasur:
100 g dunkle Schokolade
30 g Butter
1 dl Wasser
125 g Puderzucker
2 Prisen Salz
1 Prise Nelkenpulver

Tipp:
In einer Dose kühl und luftdicht aufbewahrt, ist das Magenbrot etwa 2 Wochen haltbar.

Mehl und alle Zutaten bis und mit Salz in einer Schüssel mischen.

Zucker und Wasser beigeben, zu einem geschmeidigen Teig kneten.

Teig auf ein mit Backpapier belegtes Blech geben. Mit wenig Mehl etwa 2 cm dick rechteckig ausrollen.

In der unteren Ofenhälfte bei 180 °C etwa 20 Minuten backen.

351 kcal / Nährstoffe: 6,16 g Eiweiss / 55,57 g Kohlenhydrate / 12,94 g Fett

Herausnehmen, etwas abkühlen lassen, dann auf ein Gitter stürzen. Papier entfernen und ganz auskühlen.

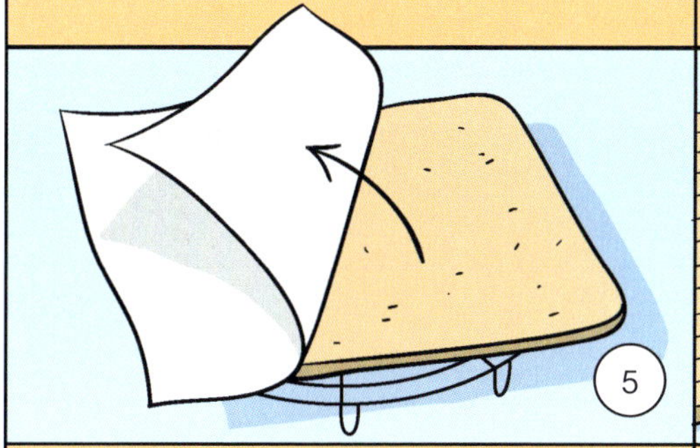

Teig vom Gitter nehmen und in etwa 2x5 cm grosse Stücke schneiden. In eine grosse Schüssel geben.

Für die Glasur Schokolade in Stücke brechen und mit Butter und Wasser in einem Topf bei kleiner Hitze schmelzen, Topf von der Platte nehmen.

Puderzucker, Salz und Nelkenpulver beigeben, glatt rühren.

Die Glasur über die Stücke giessen, sorgfältig mischen, bis alle gleichmässig überzogen sind.

Auf einem Gitter verteilen, etwa 1 Stunde trocknen lassen.

Schwänli

Ergibt 8 Stück

2 dl Wasser
50 g Butter
1 Prise Salz
1 EL Zucker
2 Eier
100 g Mehl
Einige Mandelsplitter

5 dl Rahm, mit etwas Zucker steif geschlagen

1. Wasser, Butter, Salz und Zucker in einem Topf kurz aufkochen.

2. Das ganze Mehl auf einmal dazugeben und mit dem Kochlöffel bei mittlerer Hitze kräftig rühren, bis der Teig sich vom Topfboden löst. Den heissen Teig in eine Schüssel geben und etwas abkühlen lassen.

3. Die Eier in einer Schüssel verquirlen.

4. Unter stetigem Rühren die Eiermasse portionenweise dem Teig beigeben. So lange rühren, bis der Teig glänzt und in Fetzen von der Holzkelle fällt.

288 kcal / Nährstoffe: 3,79 g Eiweiss / 12,40 g Kohlenhydrate / 25,37 g Fett

Die Masse in einen Dressiersack mit Sterntülle füllen und die Körper tropfenförmig auf das mit Backpapier ausgelegte Blech dressieren. Mit Wasser bepinseln.

Danach mit einer kleinen Lochtülle die Hälse in Form einer 2 dressieren. Für den Schnabel am oberen Ende einen Mandelsplitter einstecken. Mit Wasser bepinseln.

Bei 170–180 °C in der Ofenmitte 15–20 Minuten backen. Die Hälse brauchen etwa 10 Minuten weniger lang.

Den Körper des Schwans längs durchschneiden. Die obere Hälfte halbieren; das sind die Flügel. Den geschlagenen Rahm in einen Dressiersack mit Sterntülle füllen und auf die untere Hälfte dressieren.

Hals einsetzen und Flügel aufstecken.

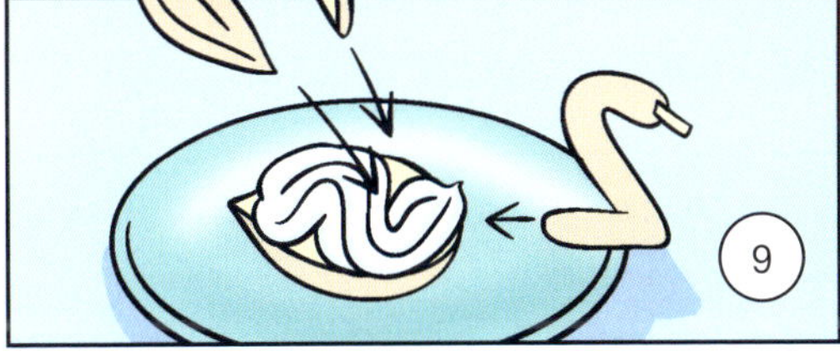

Die Schwänli mit etwas Puderzucker durch ein Sieb bestäuben.

Rose und Edelweiss aus Marzipan

Ergibt 10 Rosen und 10 Edelweisse

Etwas Puderzucker

Für die Rosen:
100 g Marzipan (mit roter Lebensmittelfarbe gefärbt)
50 g Marzipan (mit grüner Lebensmittelfarbe gefärbt)

Für die Edelweisse:
60 g Marzipan weiss
30 g Marzipan (mit grüner Lebensmittelfarbe gefärbt)

Marzipan einfärben: Mit dem Handballen flachdrücken und Lebensmittelfarbe in die Mitte geben. Das Marzipan anschliessend von den Seiten zur Mitte hin umschlagen und kneten, bis die Masse gleichmässig gefärbt ist.

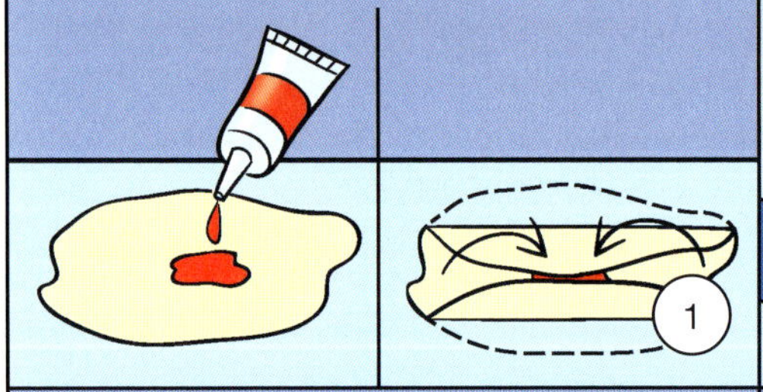

Marzipanmasse 1 mm dick ausrollen.

Für die **Rose** mit einem runden Ausstecher (Durchmesser 3 cm) 5 Rondellen aus der roten Marzipanmasse austechen.

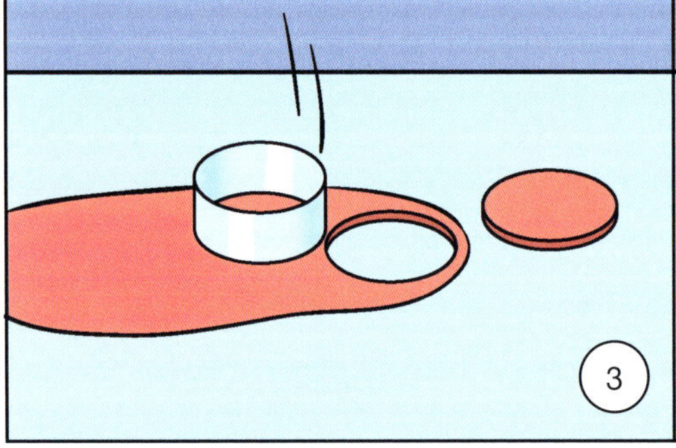

Mit den 5 Rondellen eine Kette bilden.

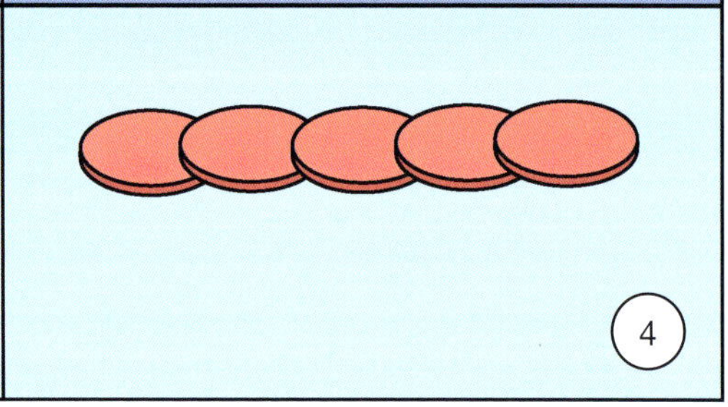

457 kcal / Nährstoffe: 6 g Eiweiss / 67 g Kohlenhydrate / 18 g Fett

Die Kette eng aufrollen.

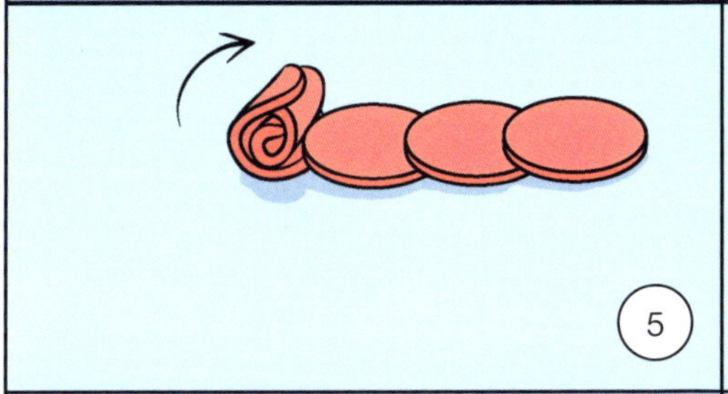

Das eine Ende zusammendrücken, am anderen Ende die Blätter mit den Fingerspitzen zu einer schönen Rose anordnen.

Grüne Marzipanmasse 3 mm dick ausrollen und die Blätter mit einem Messer ausschneiden. Die Blattmaserung mit dem Messer eindrücken.

Die fertigen Blätter über einen mit Puderzucker bestäubten Kochlöffel legen und in Form ziehen. Zur Rose legen und eine Stunde trocknen lassen.

Für das **Edelweiss** aus weissem Marzipan kleine Kugeln zu länglichen Tropfen formen und leicht flach drücken. Wie auf der Zeichnung anordnen. Kleine Kügelchen in die Mitte der Blüte setzen.

Grüne Marzipanmasse dünn ausrollen. Mit einem Messer Stiel und Blätter ausschneiden und dazulegen.

Für den Bären:
30 g Marzipan, weiss
10 g Kakaopulver
1–2 Tropfen Wasser

Etwas geschmolzene dunkle Schokolade für die Nase

Für das Mäuschen:
22 g Marzipan, weiss
Wenig Kakaopulver
1 Tropfen Wasser

Etwas geschmolzene dunkle Schokolade für die Nase

Für die Ente:
24 g Marzipan, weiss
Lebensmittelfarbe, gelb, rot

Zahnstocher

Für den **Bären** das Kakaopulver in 1–2 Tropfen Wasser auflösen und das Marzipan einfärben (siehe Seite 90). Kugeln mit unterschiedlichem Durchmesser formen: eine Kugel für den Körper (3 cm) und für den Kopf (2 cm), je zwei Kugeln für die Beine (1 cm), für die Arme (7 mm), für die Ohren (5 mm).

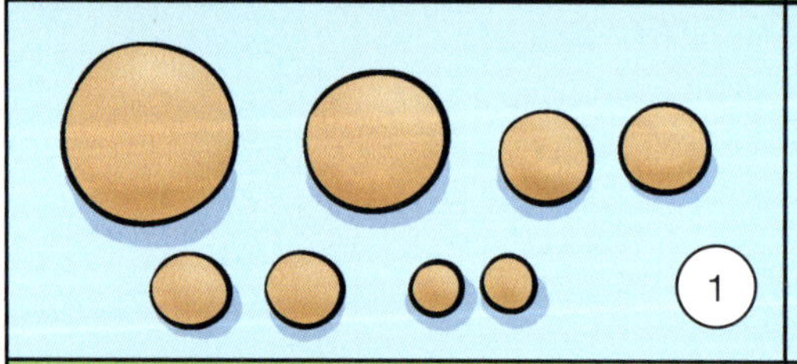

Körper, Arme und Beine leicht tropfenförmig modellieren. Arme und Beine mit einer Gabel eindrücken, anfeuchten und am Körper andrücken.

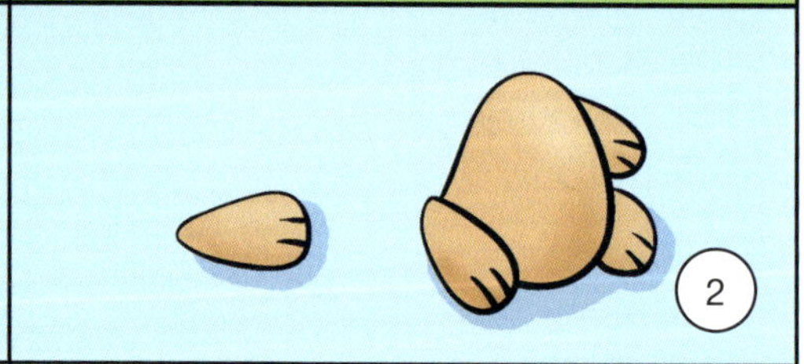

Den Kopf leicht oval formen, mit Wasser befeuchten und auf den Körper drücken. Dann die Ohren formen und am Kopf befestigen.

Mit einem Zahnstocher die Augen einstechen. Für die Nase mit Schokolade einen Punkt dressieren.

457 kcal / Nährstoffe: 6 g Eiweiss / 67 g Kohlenhydrate / 18 g Fett

Für das **Mäuschen** das Kakaopulver in 1 Tropfen Wasser auflösen und das Marzipan einfärben (siehe Seite 90). Kugeln mit unterschiedlichem Durchmesser formen: eine Kugel für den Körper (2,5 cm) und für den Schwanz (1 cm), zwei Kugeln für die Ohren (7 mm).

Die grosse Kugel und die Ohren zu tropfenförmigen Körpern modellieren. Für den Schwanz eine spitz zulaufende Wurst formen.

Schwanz und Ohren befeuchten und am Körper festdrücken. Mit einem Zahnstocher die Augen einstechen. Für die Nase mit Schokolade einen Punkt dressieren.

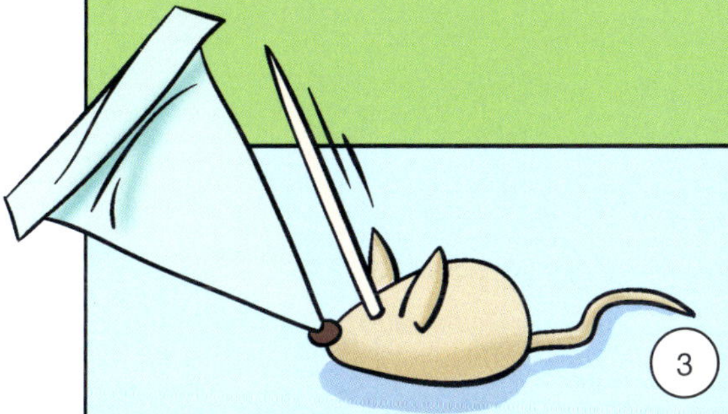

Für die **Ente** das Marzipan mit Lebensmittelfarbe gelb einfärben (siehe Seite 90). Kugeln mit unterschiedlichem Durchmesser formen: eine Kugel für den Körper (2,5 cm) für den Kopf (1,7 cm) und den Schnabel (8 mm), zwei Kugeln für die Flügel (1,4 cm).

Grosse Kugel und Flügel zu tropfenförmigen Körpern modellieren. Den Kopf mit etwas Wasser befeuchten und auf den Körper drücken. Die Flügel leicht flachdrücken, mit Wasser befeuchten und ebenfalls am Körper festdrücken.

Die Kugel für den Schnabel mit wenig roter Lebensmittelfarbe orange färben und einen Entenschnabel formen. Den Schnabel mit Wasser befeuchten und andrücken. Mit einem Zahnstocher die Augen einstechen.

Milch-Truffes nach Grossmutters Art

Ergibt etwa 40 Stück

1 dl Rahm
250 g Milchschokolade
30 g Butter, sehr weich

Glasur:
100 g Milchschokolade
Puderzucker

Die Schokolade hacken.

Den Rahm aufkochen, danach die Hitze reduzieren.

Schokolade zum heissen Rahm geben und rühren, bis die Masse glatt ist.

Butter in die Masse einrühren.

506 kcal / Nährstoffe: 5,30 g Eiweiss / 44,82 g Kohlenhydrate / 35,10 g Fett

Wenn die Masse leicht fest wird, in einen Dressiersack mit Lochtülle von etwa 1 cm Durchmesser füllen und Tupfen auf ein Backpapier dressieren.

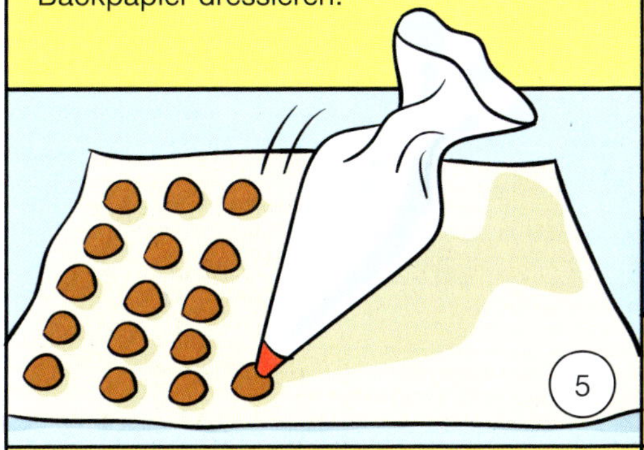

Sobald die Tupfen erstarrt sind, von Hand zu Kugeln formen.

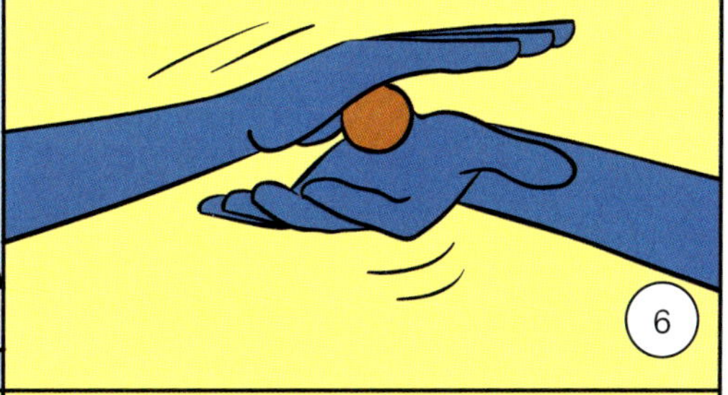

Für die Glasur die Schokolade im Wasserbad bei 30 °C schmelzen (siehe Seite 117).

Die Kugeln mit einer Gabel in die flüssige Schokolade tunken …

… und im Puderzucker rollen.

In Papierkapseln legen oder in Geschenktüten verpacken.

Schreiben mit Schokolade

Füllung für ein Cornet

Zum Beschriften von Plätzchen, Kuchen und anderen Backwaren.

50 g dunkle Schokolade, gehackt und im Wasserbad geschmolzen (siehe Seite 117)
Pergamentpapier

Tipp:
Als Füllung lässt sich auch Zuckerglasur verwenden (siehe Smileys-Glasur auf Seite 100, ohne Farbe)

Ein rechteckiges, 20x35 grosses Pergamentpapier diagonal falzen und dem Falz entlang durchschneiden.

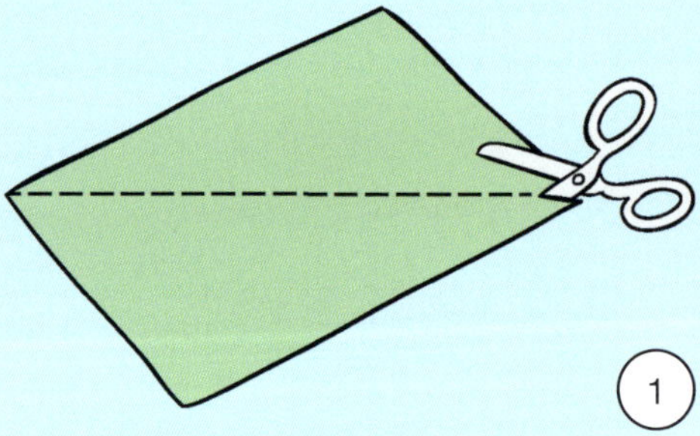

1

Die schmale Seite des einen Dreiecks über die rechtwinklige Ecke zu einer Tüte rollen. In der Mitte der langen Seite entsteht die Spitze. Die Spitze der anderen Seite um die Tüte legen.

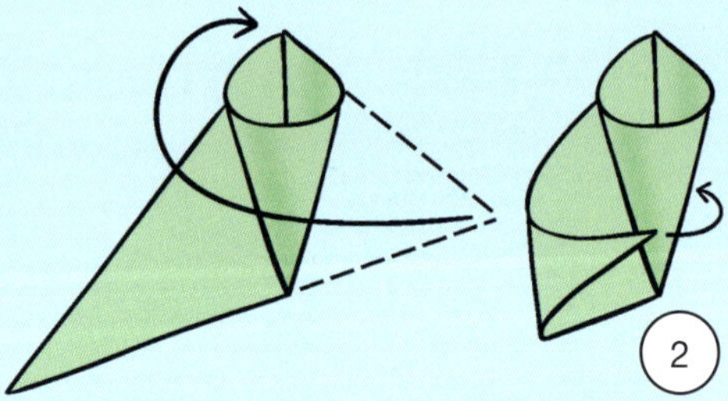

2

Mit einem Klebestreifen fixieren. Mit einem Löffel flüssige Schokolade oder Zuckerglasur einfüllen.

3

Nach dem Einfüllen verschliessen. Die Spitze mit einer Schere leicht anschneiden, damit eine kleine Öffnung entsteht.

4

521 kcal / Nährstoffe: 5,20 g Eiweiss / 60,40 g Kohlenhydrate / 31,80 g Fett

Beereneis

Ergibt 12 Eislutscher

300 g Heidelbeeren, Erdbeeren, Brombeeren oder Himbeeren
2 dl Wasser
200 g Puderzucker
1 Zitrone, Saft

Eisförmchen, erhältlich im Detailhandel

Tipp:
Leere kleine Joghurtbecher eignen sich ebenfalls als Förmchen.

Beeren mit dem Stabmixer fein pürieren.

Bei Brom- oder Himbeeren die pürierte Masse durch ein Sieb streichen, damit keine Kerne ins Eis gelangen.

Wasser, Puderzucker und Zitronensaft dazugeben und 3 Minuten mixen.

Die Eisförmchen füllen und im Tiefkühler 3–7 Stunden gefrieren.

160 kcal / Nährstoffe: 1,64 g Eiweiss / 22,05 g Kohlenhydrate / 8,59 g Fett

Nideltäfeli aus Appenzell

*Ergibt etwa 800 g Nideltäfeli**

350 g Zucker
5 dl Rahm
1 Prise Salz
1 Vanilleschote

*weiche Karamellbonbons

Rahm erwärmen, Salz, aufgeschnittene Vanilleschote und Zucker unter Rühren beigeben und einkochen, bis die Masse bräunlich-braun karamellisiert.

Auf einem kalten Teller eine Probe machen, wie fest die Masse ist: Sie sollte sofort erstarren. Ist sie zu dick, wenig Rahm zugeben. Ist sie gut, die Vanilleschote herausnehmen.

Masse in ein mit Backpapier ausgelegtes Backblech giessen. Fest werden lassen, aber nicht zu lange warten.

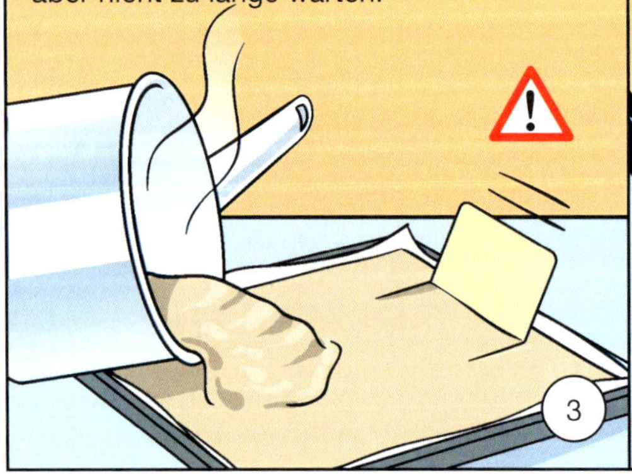

Das Messer in warmes Wasser tauchen und in 3 cm grosse Würfel schneiden.
Mit einer Tortenschaufel vorsichtig herausheben.

357 kcal / Nährstoffe: 1,17 g Eiweiss / 42,87 g Kohlenhydrate / 20,47 g Fett

Schaukelpferd

Ergibt 1 Schaukelpferd

1 kg Mailänderteig (siehe Grundrezept Seite 110)
80 g dunkle Schokolade, geschmolzen (siehe Seite 117)

Karton für Schablone

Tipp:
Aus dem restlichen Teig lassen sich Sterne ausstechen.

Teig 1 cm dick ausrollen.

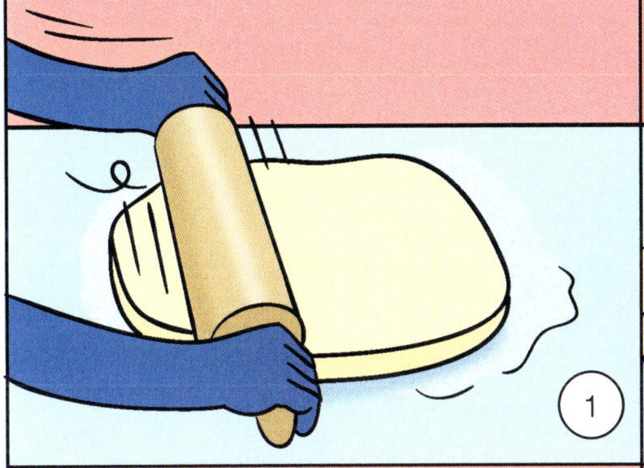

Mit Schablone (Vorlage: www.globi.ch und Seite 119) Schaukelpferd ausschneiden und auf ein mit Backpapier belegtes Blech geben. Eine Stunde ruhen lassen. Danach in der Ofenmitte bei 200 °C 15 Minuten backen.

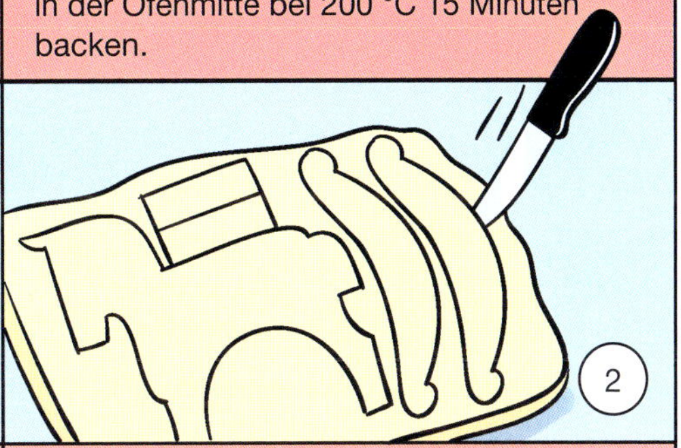

Einzelteile mit flüssiger Schokolade zusammenkleben. Restliche Schokolade in ein Cornet aus Pergamentpapier füllen (Anleitung siehe Seite 96).

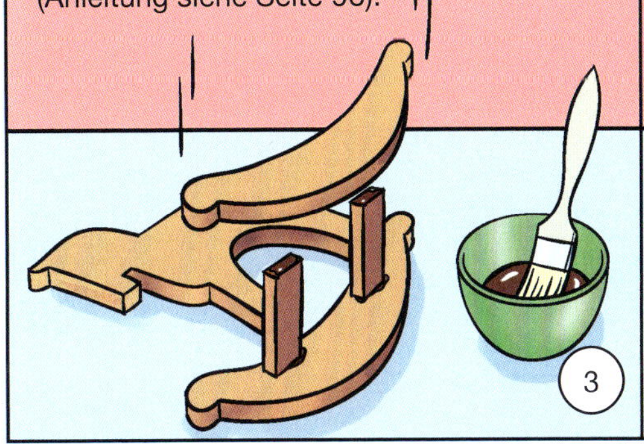

Verzierungen anbringen.

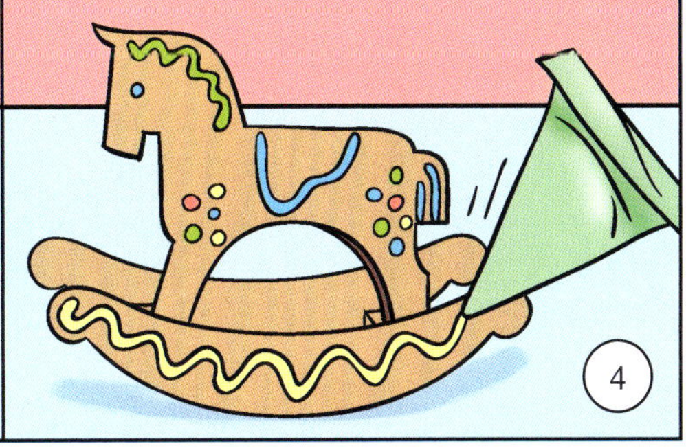

435 kcal / Nährstoffe: 6,43 g Eiweiss / 57,18 g Kohlenhydrate / 20,88 g Fett

Süsse Smileys

Ergibt 8 Smileys

400 g Mailänderteig
(siehe Grundrezept Seite 110)

Gelbe Glasur:
100 g Puderzucker
2–3 EL warmes Wasser
½ Messerspitze Safranpulver oder
4–5 Tropfen gelbe Lebensmittelfarbe
Etwas geschmolzene dunkle
Schokolade zum Verzieren

Mund ist die einzige Gemeinde in der Schweiz, in der Safran kultiviert wird – in kleinen Mengen, aber doch genug, damit sämtliche Restaurants im Dorf Gerichte mit dem eigenen «roten Gold» anbieten können. Jedes Jahr begeben sich die Mitglieder der Safranzunft auf die Felder, um den kostbaren Munder Safran zu pflücken. Das Safranpflücken hat in der Oberwalliser Gemeinde seit Jahrhunderten Tradition. Um ein Kilo des kostbaren Gewürzes zu erhalten, braucht es etwa 130'000 Blüten.

423 kcal / Nährstoffe: 5,42 g Eiweiss / 55,60 g Kohlenhydrate / 21,05 g Fett

Mit einem Ausstecher (etwa 9 cm Durchmesser) 8 Rondellen ausstechen.

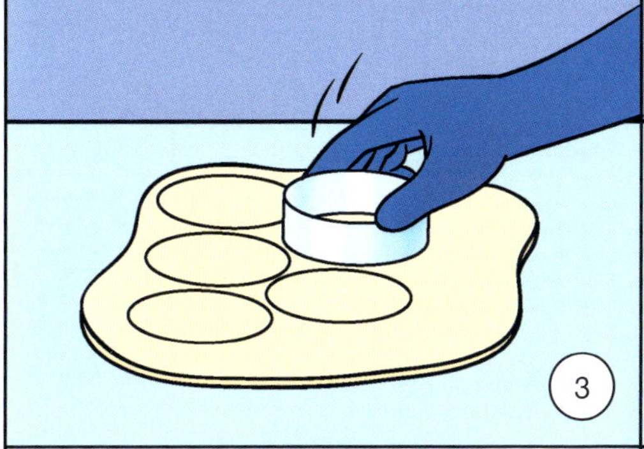

Die Rondellen auf ein mit Backpapier belegtes Blech legen und etwa 15 Minuten ruhen lassen.

Die Smileys in der Ofenmitte bei 180–200 °C 12–15 Minuten backen.

Puderzucker, Safranpulver und warmes Wasser mit einer Holzkelle gut verrühren.

Mit einem Pinsel die noch warmen Smileys mit der gelben Glasur bestreichen und gut trocknen lassen.

Mit geschmolzener Schokolade (Anleitung Seite 117) lustige Gesichter aufspritzen.

Skihütte Piz Globi

Ergibt eine Skihütte (etwa 1800 g)

420 g Honig
425 g Traubenzucker
175 g Rohrzucker
25 cl Wasser
500 g Weissmehl
500 g Dinkelmehl
25 g Lebkuchengewürz
3 g Zimt
125 g Milch
15 g Pottasche
1 Ei

Zuckerglasur (siehe Smiley-Glasur Seite 100, ohne Farbe)
Karton für Schablone

Hinweis:
Der Teig braucht einen Tag Ruhezeit.

Tipp:
Der Teig lässt sich im Kühlschrank 2–3 Wochen lagern.

Honig, Traubenzucker, Rohrzucker und Wasser vorsichtig erwärmen (nicht über 60 °C) und mit einer Holzkelle gut verrühren.

Weissmehl, Dinkelmehl, Lebkuchengewürz und Zimt in eine grosse Schüssel geben und gut mischen.

Milch, Pottasche und Ei eine Minute in einer Schüssel mixen.

Die Milchmischung und die abgekühlte Honigmasse in die grosse Schüssel mit dem Mehl geben und zu einem Teig kneten. Den fertigen Teig in Plastik einpacken und einen Tag bei Raumtemperatur lagern.

327 kcal / Nährstoffe: 6,25 g Eiweiss / 73,80 g Kohlenhydrate / 1,05 g Fett

Den Teig 1 cm dick ausrollen.

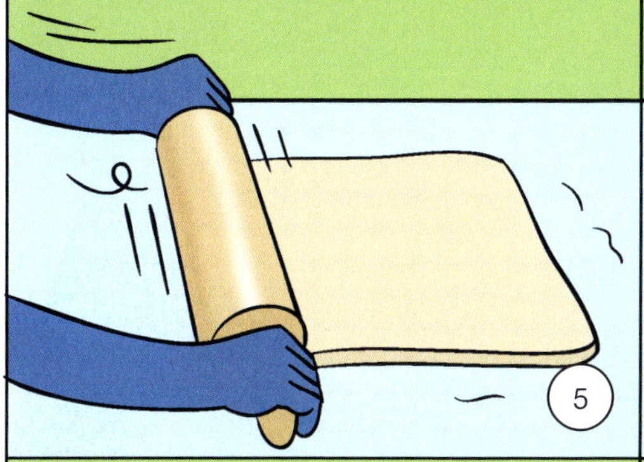

Auf ein mit Backpapier ausgelegtes Blech geben und eine Stunde stehen lassen. Mit einer Gabel den Teig einstechen. In der Ofenmitte bei 190 °C 20 Minuten backen.

Einzelteile (Vorlage: www.globi.ch und Seite 119) aus Karton vorfertigen. Die Kartonteile auf den Teig legen und mit einem Messer ausschneiden.

Mit Zuckerglasur zusammenkleben.

Mit dem Cornet (siehe Seite 96) Eiszapfen auf ein Backpapier dressieren und trocknen lassen. Danach mit Zuckerglasur an die Dachkante kleben.

Bananenlollis

Ergibt 12 Lollis

3 Eier
70 g Zucker
1 Paket Vanillezucker
45 g Mehl
100 g Erdbeerkonfitüre
2 Bananen
Etwas Zucker
Etwas Zitronensaft

12 Holzspiesse

Eier, Zucker und Vanillezucker unter Rühren im heissen Wasserbad auf etwa 36 °C erwärmen (siehe Seite 117). Schüssel herausnehmen und Masse rühren, bis sie kalt und schaumig ist.

Das Mehl sieben und der schaumigen Eimasse vorsichtig mit dem Holzlöffel beigeben. Nicht zu stark rühren, damit die Masse nicht zusammenfällt.

295 kcal / Nährstoffe: 6,26 g Eiweiss / 63,23 g Kohlenhydrate / 2,93 g Fett

Die Masse auf ein mit Backpapier belegtes Blech giessen und mit einem Teigschaber zu einer rechteckigen Form verteilen.

In der Ofenmitte bei 220 °C nur etwa 6 Minuten backen. Nach dem Backen mit etwas Zucker bestreuen und auskühlen lassen.

Erdbeerkonfitüre mit einem Messer auf dem Biskuit verteilen.

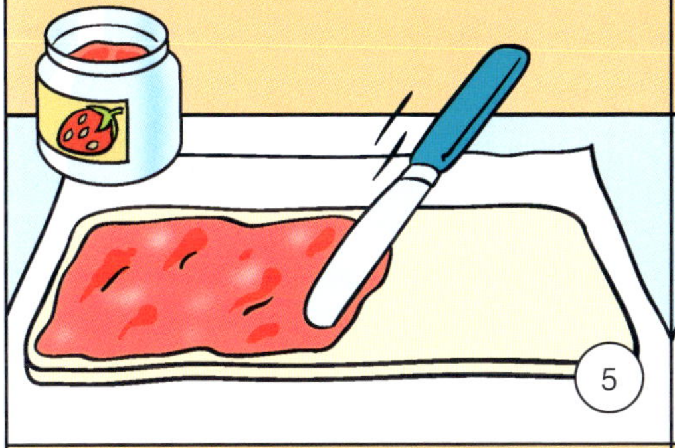

Die geschälten Bananen auf das Biskuit legen und mit etwas Zitronensaft bestreichen.

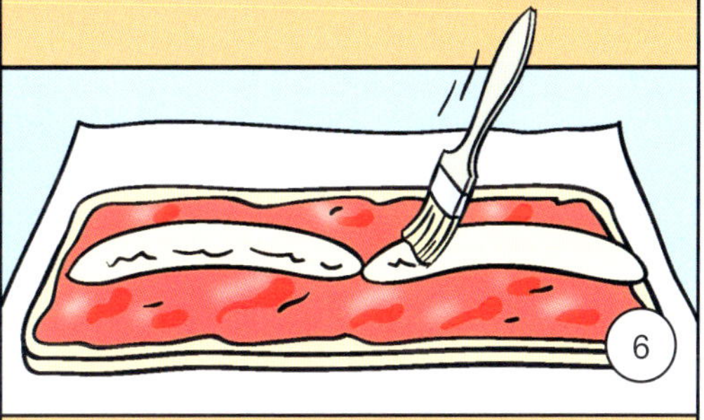

Mit Hilfe des Backpapiers das Biskuit um die Bananen aufrollen.

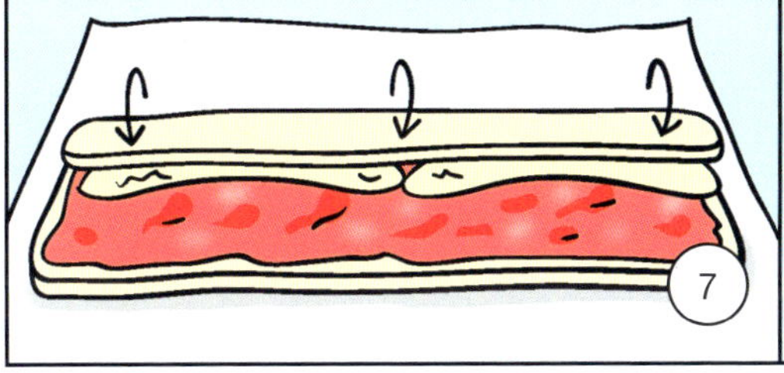

12 Holzstäbchen in gleichmässigem Abstand in die Rolle stecken. Mit einem Messer gleich grosse Teile schneiden.

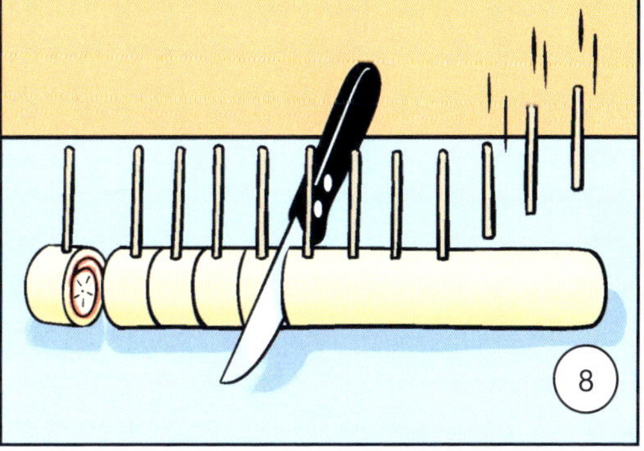

Maikäfer

Ergibt 10 Käfer

100 g Marzipan
2 Tropfen Bittermandel-Aroma
Etwas Puderzucker
100 g dunkle Schokolade
20 Mandeln

Schwarzes Papier für die Füsse

Etwas weisse Schokolade für
die Augen

Bittermandel-Aroma gut in das Marzipan einkneten. Arbeitstisch mit Puderzucker bestäuben. Marzipan zu einer 1 cm dicken Wurst formen. Mit einem Messer in 10 gleich grosse Stücke schneiden. Die Teile zu einem Ei formen.

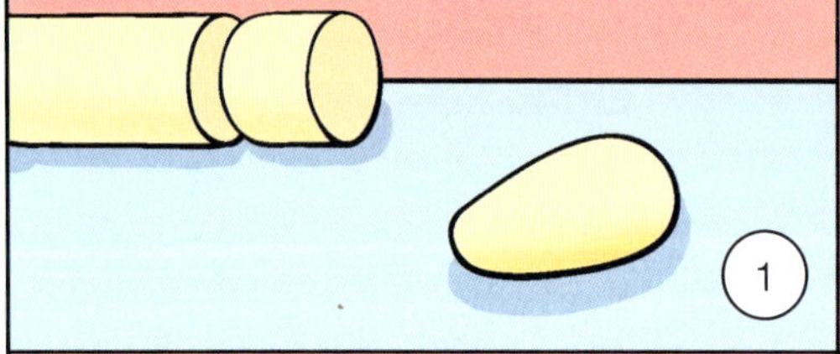

1

Die Schokolade im Wasserbad vorsichtig schmelzen (siehe Seite 117). Die Marzipanstücke mit einer Gabel in die flüssige Schokolade tauchen.

2

Auf die vorbereiteten Papierfüsse (Vorlage: www.globi.ch und Seite 119) legen. 2 Mandeln als Flügel anstecken.

3

Mit geschmolzener, weisser Schokolade die Augen aufspritzen (Anleitung siehe Seite 96) und erkalten lassen.

4

1007 kcal / Nährstoffe: 10.3 g Eiweiss / 114,1 g Kohlenhydrate / 56,3 g Fett

Grundrezepte

Blätterteig

Ergibt 1250 g Teig

400 g Mehl
50 g Butter
2,5 dl Wasser
1 Prise Salz

450 g Butter
100 g Mehl

Hinweis:
Der Teig braucht einen Tag Ruhezeit.

Blätterteig ist ein besonders fettreiches und zartes Gebäck, das in süssen wie salzigen Varianten vorkommt. Die Besonderheit dieses Teigs liegt darin, dass in den Wasserteig Fett eingearbeitet wird. Durch diese Technik entstehen Fett- und Teigschichten. Für den Blätterteig hat sich vielerorts der französische Ausdruck «Millefeuille» (1000 Blätter) durchgesetzt. In Wahrheit verfügt ein richtig hergestellter Blätterteig über 256 Schichten – immer noch genug, damit der Teig beim Ausbacken durch die eingeschlossene Luft und den Wasserdampf vielblättrig aufgeht. Das wiederholte Ausrollen sorgt für die typische, vielschichtige «blättrige» Konsistenz dieses anspruchsvollen Teigs.

429 kcal / Nährstoffe: 4,67 g Eiweiss / 30,01 g Kohlenhydrate / 33,24 g Fett

Butter und Mehl in einer Schüssel zu einer Paste kneten. Auf ein Backpapier geben und mit dem Wallholz zu einem Rechteck (20x15 cm) ausrollen. 1 Stunde in den Kühlschrank legen.

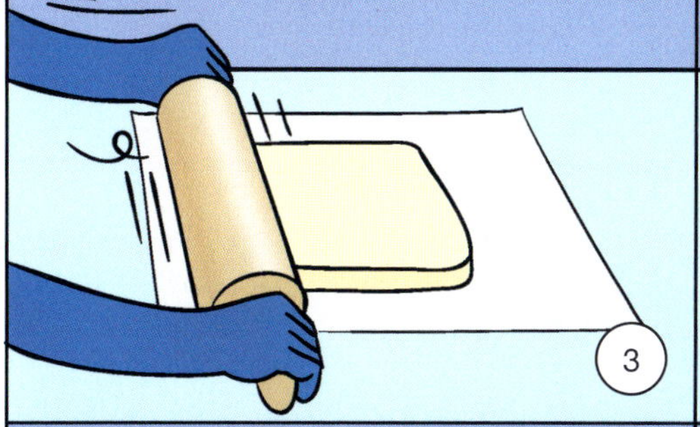

Den kalten ersten Teig aus dem Kühlschrank holen und zu einem Rechteck (50x25 cm) ausrollen. Die Butter-Mehl-Paste aus dem Kühlschrank nehmen und auf den ausgerollten Teig legen. Rand rundherum mit etwas Wasser bestreichen.

Das kleine Rechteck aus Butter-Mehl-Paste in den Teig einpacken.

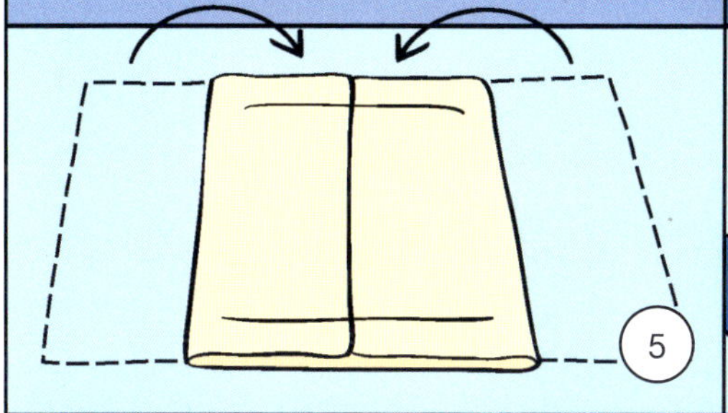

Das Paket etwa 6 mm dick rechteckig ausrollen.

Die Seiten wie abgebildet in die Mitte legen, nochmals zusammenlegen und mit einem Tuch zugedeckt 30 Minuten in den Kühlschrank stellen.

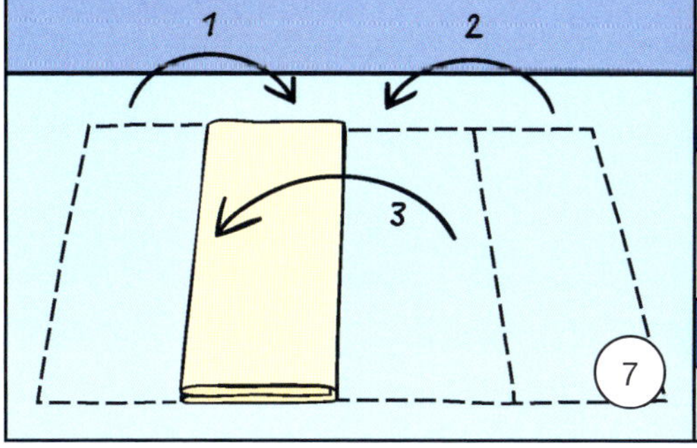

Den Teig erneut auf ca. 50x25 cm ausrollen und wieder zusammenlegen. Fünfmal wiederholen, den Teig aber dazwischen immer wieder für 30 Minuten in den Kühlschrank stellen. Vor dem Verwenden mindestens einen Tag gut zugedeckt im Kühlschrank ruhen lassen.

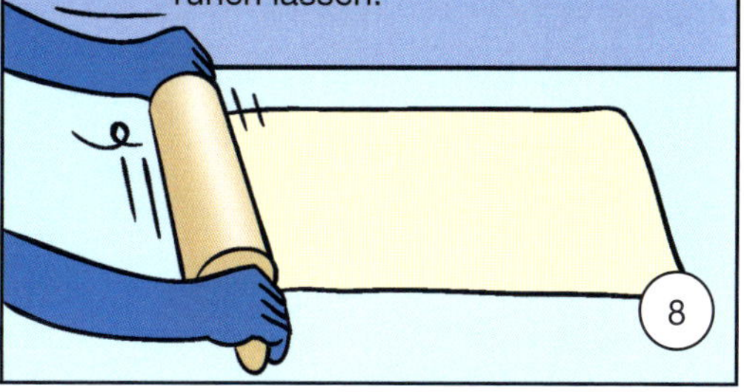

Mailänderteig

Ergibt 1050 g Teig

250 g Butter
250 g Zucker
½ Paket Vanillezucker
1 Bio-Zitrone, abgeriebene Schale
500 g Mehl
2 Eier

Butter, Zucker und Vanillezucker von Hand in einer Schüssel zu einer gleichmässigen Masse kneten.

Die Eier dazugeben und gut mit der Buttermasse mischen.
Geriebene Zitronenschale dazugeben.

Das Mehl dazusieben.

Alles zu einem Teig kneten, aber nicht zu lange.

428 kcal / Nährstoffe: 6,53 g Eiweiss / 56,93 g Kohlenhydrate / 20 g Fett

Kuchenteig

Ergibt 370 g Teig

200 g Mehl
¼ TL Salz
70 g Butter, kalt
1 dl Wasser

Mehl in eine Schüssel geben.

Die Butter in kleine Würfel schneiden.

Die Butterwürfel von Hand mit dem Mehl zu einer gleichmässig krümeligen Masse zerreiben.

Das Salz im Wasser auflösen und zum Butter-Mehl-Gemisch giessen. Rasch zu einem weichen Teig zusammenfügen (nicht kneten, damit er nicht zu zäh wird). Den Teig flach drücken, zugedeckt etwa 1 Stunde kühl stellen.

327 kcal / Nährstoffe: 6,30 g Eiweiss / 39,24 g Kohlenhydrate / 16,77 g Fett

Biskuit

Ergibt 1 Kuchen

Springform, 26 cm Durchmesser

8 Eier
300 g Zucker
1 Paket Vanillezucker
300 g Mehl
1 Prise Salz
Butter und Mehl für die Form

Eier, Zucker und Vanillezucker im heissen Wasserbad bei 40 °C warm schlagen (siehe Seite 117). Schüssel herausnehmen und weiterschlagen, bis die Masse dickcremig ist.

Das gesiebte Mehl und das Salz vorsichtig mit einem Kochlöffel unter die Eimasse heben.

Die Masse in die mit Butter ausgestrichene und mit Mehl bestäubte Kuchenform geben und glatt streichen.

In der Ofenmitte bei 180 °C etwa 40 Minuten backen.

297 kcal / Nährstoffe: 7,80 g Eiweiss / 58,51 g Kohlenhydrate / 3,73 g Fett

Vanillecrème

Ergibt 1300 g Vanillecrème

1 l Milch
120 g Zucker
1 Paket Vanillezucker
1 Vanilleschote
120 g Stärke (Maizena)
2 Eigelb

8 dl Milch, Zucker, Vanillezucker und halbierte Vanilleschote in einem Topf unter ständigem Rühren mit einem Schneebesen zum Kochen bringen.

2 dl Milch und 120 g Stärke mit dem Schneebesen gut vermischen und unter kräftigem Rühren der kochenden Milch beigeben, bis ein dicker Pudding entsteht. Topf vom Herd nehmen.

Vorsichtig die Vanilleschote mit einer Gabel herausnehmen, das restliche Vanillemark herauskratzen und in den Pudding rühren. Die 2 Eigelb dazugeben, sofort kräftig rühren.

Die heisse Crème in eine saubere Schüssel geben und mit Klarsichtfolie gut verschliessen. Etwa 30 Minuten abkühlen lassen und anschliessend in den Kühlschrank stellen. Vor Gebrauch mit dem Rührgerät 2 Minuten mixen.

141 kcal / Nährstoffe: 3,21 g Eiweiss / 22,31 g Kohlenhydrate / 4,40 g Fett

Zopfteig

Ergibt 910 g Zopfteig

500 g Weissmehl oder Zopfmehl
2,5 dl Milch
50 g Butter
1 Ei
40 g Hefe
10 g Salz
20 g Zucker

1. Mehl und Salz in einer Schüssel mischen.

2. Zerbröckelte Hefe und Zucker zusammen in der lauwarmen Milch auflösen.

3. Hefe-Zucker-Milch-Mischung mit Mehl, Butter und Ei mischen.

4. Zu einem elastischen Teig kneten. Mit einem feuchten Tuch zugedeckt bei Raumtemperatur um das Doppelte (etwa 40 Minuten) aufgehen lassen.

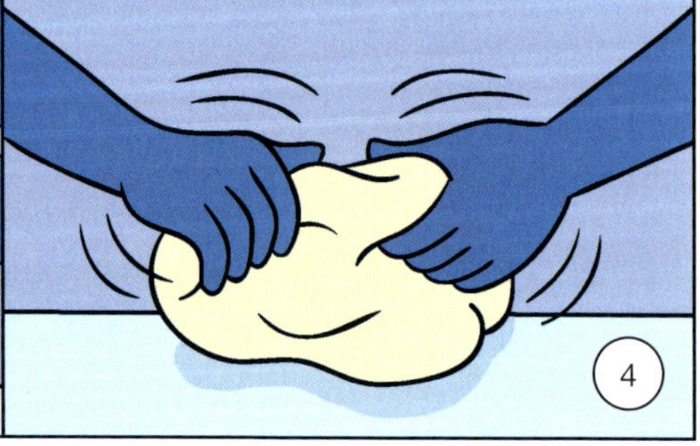

300 kcal / Nährstoffe: 9,23 g Eiweiss / 51,32 g Kohlenhydrate / 7,36 g Fett

Eistreiche

1 Ei
3 EL Wasser
1 Prise Salz
1 Prise Zucker

Alle Zutaten in eine Tasse geben, mit einer Gabel gut verrühren. Die Streiche etwa 1 Stunde in den Kühlschrank stellen. Vor Gebrauch nochmals gut durchrühren.

169 kcal / Nährstoffe: 11,94 g Eiweiss / 3,94 g Kohlenhydrate / 11,72 g Fett

Zuckersirup

Ergibt 200 g Zuckersirup

1 dl Wasser
100 g Zucker

222 kcal / Nährstoffe: 0,00 g Eiweiss / 55,56 g Kohlenhydrate / 0,00 g Fett

Abfälle trennen – was gehört wohin

Abfälle getrennt sammeln und entsorgen lohnt sich, weil sich wertvolles Material wie Aluminium, Stahl, Papier, PET und Altöl dadurch wieder verwenden lässt. Wiederverwertung schont die in der Natur vorkommenden Grundmaterialien, zum Beispiel Bauxit (Aluminium), Eisenerz (Stahl), Erdöl (Kunststoffe) und Holz (Papier).

Bei der Wiederverwertung entstehen aus PET beispielsweise Fleecejacken oder Sporttaschen. Aus Grünabfällen entsteht fruchtbare Komposterde für Garten- und Balkonpflanzen. Batterien sammeln verhindert die unkontrollierte Verteilung von Schwermetallen wie Cadmium, Blei oder Quecksilber in der Umwelt.

Für Kehricht, Grünabfall, Papier und Karton gibt es in jedem Quartier regelmässig Sammeltage. PET, Altöl, Glas, Blech- und Aludosen lassen sich auf öffentlichen Sammelstellen in separaten Behältern entsorgen. Batterien kann man an jeder Verkaufsstelle zurückgeben.

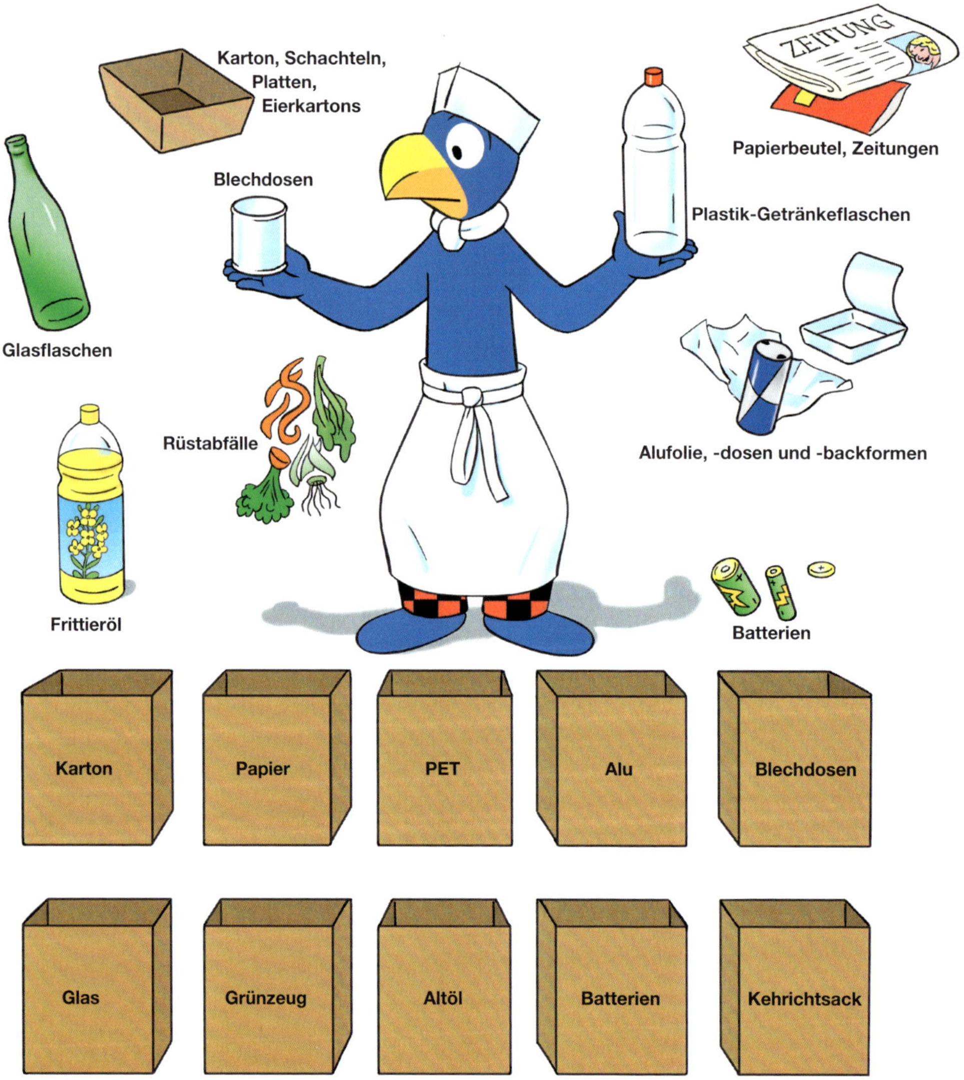

Glossar

Masse/Gewichte

EL	Esslöffel = 15 g
TL	Teelöffel = 5 g
Prise	Was man zwischen Daumen- und Zeigefingerspitze halten kann
kg	Kilogramm
g	Gramm
l	Liter
dl	Deziliter
kcal	Kilokalorien sind die Masseinheit für den Energiegehalt von Lebensmitteln. Die kcal-Angaben beziehen sich immer auf eine Portion oder auf ein Stück des Gerichts.
°C	Grad Celsius

Erklärungen und Techniken

Eiweiss: ist der Baustoff für Körperzellen, Muskeln, Haare, Nägel und Immunsystem; hat «Steuerungsfunktionen» im Körper; ist in Fisch, Fleisch, Ei, Milch, Tofu enthalten.

Fett: liefert Energie und transportiert die fettlöslichen Vitamine A, D, E und K, kann fest (Butter, Kokosfett) oder flüssig (Öl) sein; je weniger gesättigte Fettsäuren darin enthalten sind, desto wertvoller ist das Öl.

Kohlenhydrate: liefern Energie, sind in Getreide, Getreideprodukten, Kartoffeln und zuckerhaltigen Lebensmitteln wie Früchten, Kuchen, Desserts enthalten.

Backtemperaturen: Die Backtemperaturen in diesem Buch beziehen sich auf einen herkömmlichen Elektroherd. Für Umluftherde gilt als Faustregel eine 15% niedrigere Temperatur. Da aber auch Umluftherde recht unterschiedlich backen können, bitte unbedingt die Herstellerangaben beachten.

Verarbeiten von Teig

Darunterziehen: sorgfältiges, vorsichtiges Mischen von Zutaten, z.B. Mehl in die fertig gerührte Teigmasse ziehen.

Kneten: einen Teig kräftig durch Drücken, Ziehen und Falten mit den Händen bearbeiten.

Rühren: Zutaten gründlich verrühren, sodass man die einzelnen Bestandteile nicht mehr erkennen kann.

Eigelb und Eiweiss trennen:
Das Ei am Rand einer Glas- oder Keramikschale aufschlagen.

Das Ei vorsichtig öffnen.

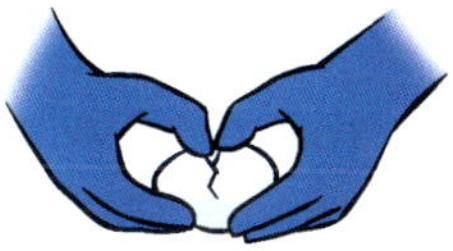

Das Eiweiss abfliessen lassen, indem man das Eigelb, ohne es zu verletzen, ein paar Mal von der einen Schalenhälfte in die andere gleiten lässt.

Küchenthermometer: hilft bei Rezepten, wo eine punktgenaue Kochtemperatur notwendig ist.

Wasserbad: Um Schokolade zu schmelzen oder andere Zutaten schonend zu erwärmen, benutzt man ein Wasserbad. Dazu lässt man eine Schüssel in einem zu 2/3 mit heissem Wasser gefüllten Topf schwimmen. Das Wasser sollte nicht kochen. Vorsicht, dass kein Wasser in die Schüssel gelangt.

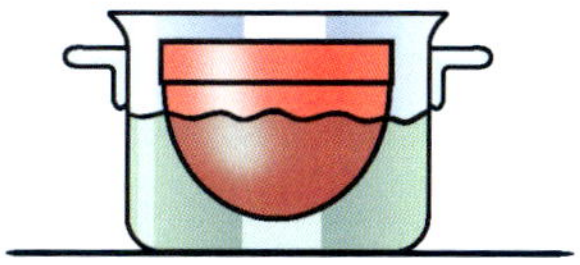

Wann ist Eischnee genügend steif? Mach eine Fingerprobe: Der Eischnee muss stehen, dann ist er genau richtig.

Biskuit mit einem Nylonfaden schneiden:

Biskuit mit einem Messer rundherum einschneiden,

einen Nylonfaden (Silch) in die Kerbe legen und beide Enden über Kreuz auseinanderziehen.

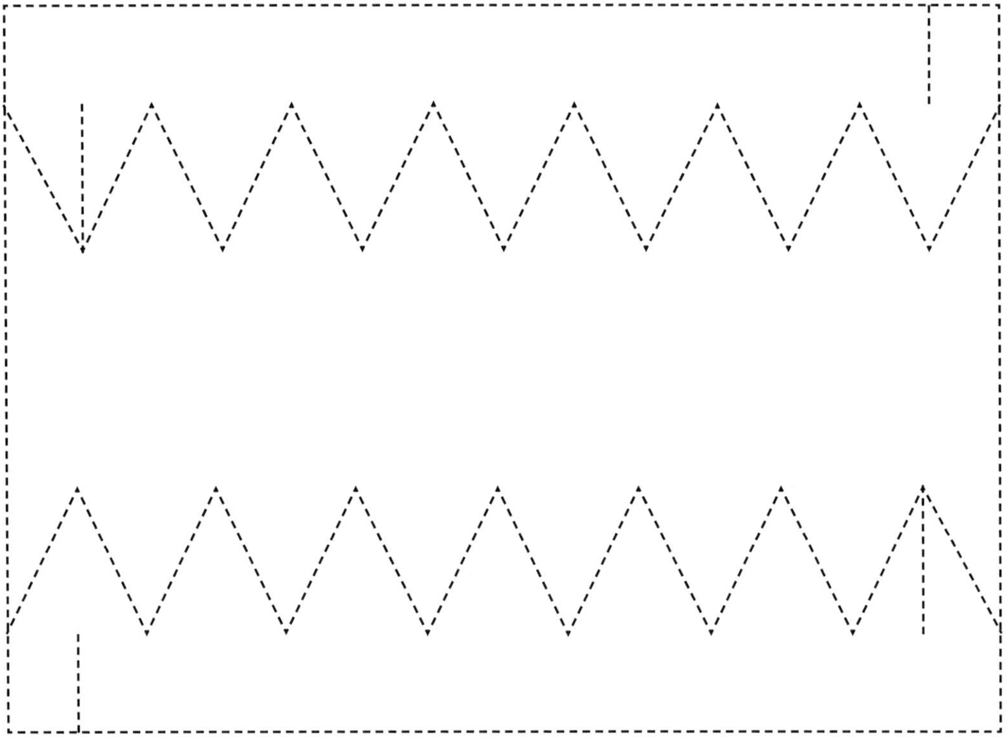

Krone zum Dreikönigskuchen:
Schablone um 217% vergrössert
kopieren.

Hasenvorlage für Osterfladen:
Schablone um 200% vergrössert
kopieren.

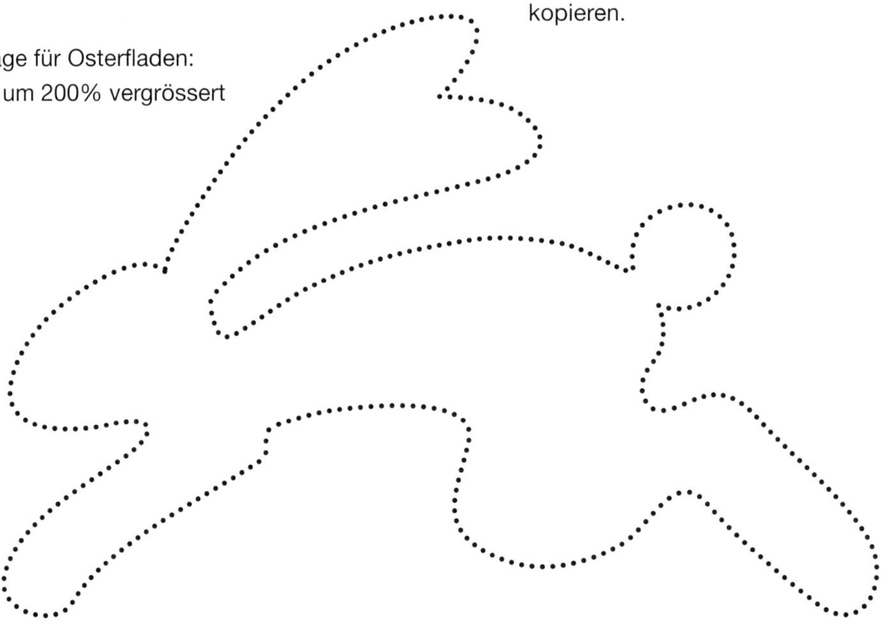

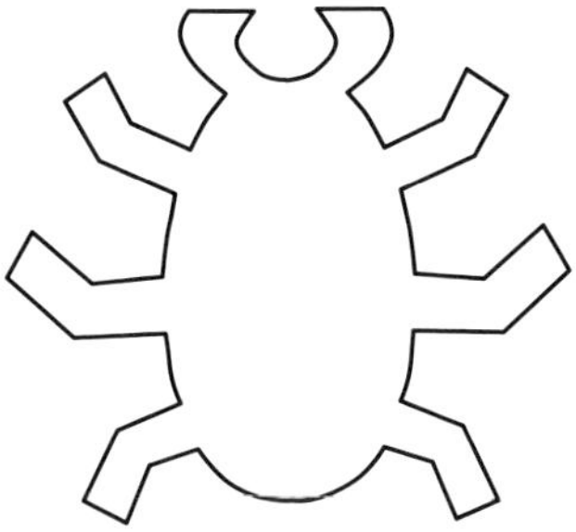

Papierfüsse Maikäfer:
Schablone mit 100% kopieren und auf Karton übertragen.

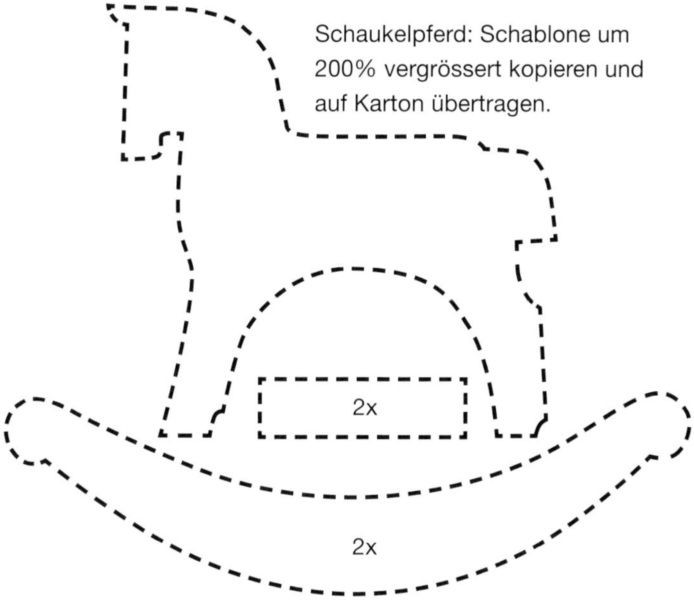

Schaukelpferd: Schablone um 200% vergrössert kopieren und auf Karton übertragen.

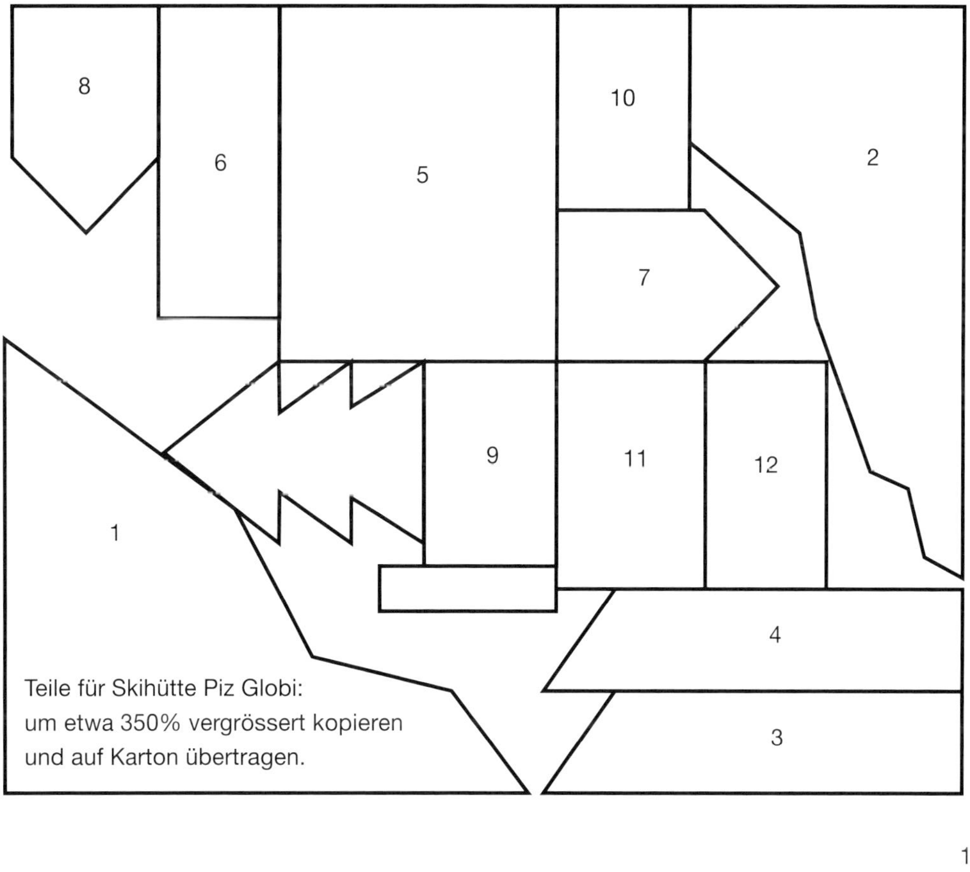

Teile für Skihütte Piz Globi:
um etwa 350% vergrössert kopieren und auf Karton übertragen.

Globi Klassikbände gibt es auch als Hörspiele auf CD

Das und noch viel mehr gibt es auf **www.globi.ch**

GlobiWissen

Globis Wimmelbilderbücher

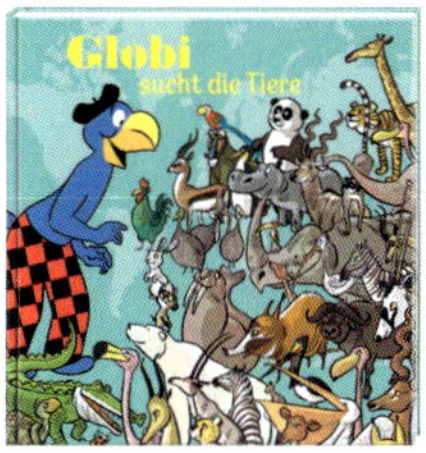

Globis beliebte Kochbuchreihe

SWISS GOURMET BOOK AWARD SILBER

SWISS GOURMET BOOK AWARD GOLD

Globi Geschenkpapier

Weitere Globi-Titel

Globi Plüsch

Globi Wimmelspiel Puzzle & Memo

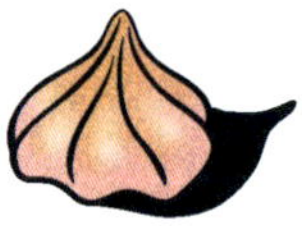